高等服装专业教材

服装品质管理

叶清珠　沈卫平　李良源　编著

中国纺织出版社

内 容 提 要

本教材的主要内容有品质管理概述、面料品质管理、辅料品质管理、产前品质管理、生产品质管理、后期成品检验、服装品质成本控制、ISO9000管理应用、7S管理应用等，全面阐述了服装品质管理的内容、面辅料的质量检验要求、成衣检验要求、生产质量技术管理及品质控制管理方式等，内容充实，条理清晰，贴近实际，更具有可操作性。可以作为院校服装专业的专业教材，也可作为企业产品开发、生产技术管理、品质控制的指导书。

与同类书相比，本书内容全面，讲解详细，且众多内容直接取材于企业生产一线资料及最新的国家技术标准，具有实际的生产指导意义。

图书在版编目（CIP）数据

服装品质管理/叶清珠，沈卫平，李良源编著. —北京：中国纺织出版社，2011.9（2018.4重印）

高等服装专业教材

ISBN 978-7-5064-7655-3

Ⅰ.①服… Ⅱ.①叶… ②沈… ③李… Ⅲ.①服装工业—质量管理—高等学校—教材 Ⅳ.①F407.866.3

中国版本图书馆CIP数据核字（2011）第130352号

策划编辑：刘晓娟　　特约编辑：刘丽娜　　责任校对：楼旭红
责任设计：何　建　　责任印制：何　艳

中国纺织出版社出版发行
地址：北京市朝阳区百子湾东里A407号楼　邮政编码：100124
邮购电话：010-67004422　　传真：010-87155801
http://www.c-textilep.com
E-mail：faxing@c-textilep.com
中国纺织出版社天猫旗舰店
官方微博 http://weibo.com/2119887771
北京佳诚信缘彩印有限公司印刷　各地新华书店经销
2011年9月第1版　2018年4月第2版印刷
开本：787×1092　1/16　印张：12.5　彩插：4
字数：189千字　定价：29.80元

凡购本书，如有缺页、倒页、脱页，由本社图书营销中心调换

前　言

改革开放三十多年来，我国经济有了飞速的发展。在开放初期只要产品能生产出来基本上就可以获利，所以许多企业就以如何扩大生产规模为经营主体，对品质等内在问题的改善则未多加重视。随着经济的发展，许多行业已出现生产能力过剩的现象，尤其在管理、技术、资金等实力高出一筹的跨国企业大举进入中国市场之后，竞争已呈现全方位、全球化态势，不少企业在各种竞争中纷纷落马，幸存企业的利润空间亦大幅度缩小，不具备竞争优势者即被淘汰已成铁律。

我国现今的服装企业多为来料、来样、来牌的"三来"加工企业，"中国制造"的服装已经出口到全球200多个国家和地区，我国服装工业成为规模庞大、品种齐全、体系完整的产业，我国也成为世界服装生产、出口第一大国。但是管理薄弱、品质跟不上，是造成我国服装生产大而不强的主要原因。质量是产品的生命线，企业如果还只注重短期利益，只会越来越弱，要想持续经营，就必须实施以品质为中心的经营，才能达此目标。

所谓以品质为中心的经营，不只是做好产品的品质，还包括对公司有关的工作品质、业务品质、服务品质、环境品质以及员工的生活品质都必须用心经营，使整体的质、量、成本都能达到最佳的境界。

这几年服装企业对品质管理越来越重视，企业对产品质量人员需求量越来越大，因此各个服装院校及培训机构都积极开设有关产品品质方面的课程和考取资格证书等项目，为此，笔者编写此书以作为高校教材或教学和考试参考。

本书的主要内容有品质管理概述、面料品质管理、辅料品质管理、成衣检测、产前品质管理、生产品质管理、后期成品检验、ISO 9000管理应用、7S管理应用等，全面地阐述了服装品质的各项要求及品质控制管理方式。内容充实，条理清晰，贴近实际，更具有可操作性。因此，本书可以作为院校服装专业的专业教材，也可作为企业产品开发、生产管理、品质控制的指导书。

与同类书相比，本书内容全面，讲解详细，且众多内容直接取材于企业生产一线资料，具有实际的生产指导意义。

本书由三明职业技术学院叶清珠同志负责编写、统稿，福建格林集团的沈卫平同志、泉州师范学院的李良源同志、泉州红瑞兴纺织有限公司的张清海同志参与了本书的编写，并提供了宝贵的生产资料。

由于作者水平及编写时间有限，书中内容难免有不足之处，望专业人士和读者指正。

编者

2011 年 8 月

目 录

第一章 品质管理概述 ·· 1
 第一节 品质和品质管理的基本概念 ··· 2
 第二节 服装品质管理的基本方法 ··· 7
 第三节 服装产业与品质管理 ·· 16
 思考与练习 ··· 21

第二章 面料品质管理 ··· 23
 第一节 面料基础知识 ·· 24
 第二节 面料品质管理规划 ··· 29
 第三节 面料检验的方法和步骤 ··· 31
 第四节 面料检验的主要项目 ·· 33
 第五节 面料的疵病检验 ·· 45
 思考与练习 ··· 51

第三章 辅料品质管理 ··· 53
 第一节 辅料品质管理规划 ··· 54
 第二节 里料的品质管理 ·· 55
 第三节 黏合衬的品质管理 ··· 58
 第四节 拉链的品质管理 ·· 65
 第五节 纽扣和其他扣件的品质管理 ·· 68
 第六节 标类、线带类和填料的品质管理 ·· 71
 思考与练习 ··· 73

第四章 产前品质管理 ··· 75
 第一节 产前准备 ··· 76
 第二节 产前会议和产前检查 ·· 87
 思考与练习 ··· 90

第五章 生产品质管理 ··· 91

第一节　裁剪品质管理 ·· 92
　　第二节　车缝品质管理 ·· 98
　　第三节　缝纫机使用注意事项 ·· 104
　　第四节　成衣疵病检验 ·· 105
　　第五节　成衣尺寸检验 ·· 109
　　思考与练习 ··· 121

第六章　后期成品检验 ·· 123
　　思考与练习 ··· 129

第七章　服装品质成本控制 ··· 131
　　第一节　服装品质成本构成 ··· 132
　　第二节　服装品质成本控制 ··· 133
　　思考与练习 ··· 136

第八章　ISO9000 管理应用 ··· 137
　　第一节　ISO 标准简介 ·· 138
　　第二节　ISO9000 族标准的内容和构成 ···································· 140
　　第三节　ISO9000 标准质量管理体系的建立和实施 ···················· 143
　　第四节　ISO9000 族标准在服装行业领域中的应用 ····················· 145
　　思考与练习 ··· 154

第九章　7S 管理应用 ··· 155
　　第一节　7S 概述 ·· 156
　　第二节　7S 的内容 ··· 158
　　第三节　推行 7S 的步骤 ·· 163
　　思考与练习 ··· 172

附录一　服装质量检验标准 ··· 173
附录二　服装疵点说明 ··· 175
附录三　童装产品安全技术规范 ·· 181
附录四　某企业婴儿单生产注意事项 ·· 185
附录五　服装行业常用单位换算表 ··· 187

参考文献 ·· 188

第一章　品质管理概述

- 第一节　品质和品质管理的基本概念
- 第二节　服装品质管理的基本方法
- 第三节　服装产业与品质管理

> 学习目标：1. 了解品质和品质管理的基本概念、品质管理的发展过程；
> 　　　　　2. 熟悉品质管理的常用方法；
> 　　　　　3. 了解我国服装产业概况、服装品质管理应用现状。
> 学习重点：1. 品质的概念；
> 　　　　　2. 品质管理的特性。
> 学习难点：1. QC七工具；
> 　　　　　2. AQL抽样检验方法。

"品质"是企业的生命线,品质管理在企业生产经营活动中占有重要的地位。在现代激烈的市场经济竞争下,忽视品质往往会付出惨痛的代价,只有重视品质、提升品质,才是强企之本。我国绝大多数服装生产企业还没有实现自动化,操作工的技术水平对产品质量影响程度占较大的比率,直接影响产品的质量,所以加强品质管理,不仅能带动其他管理工作,而且还能降低产品成本,增加企业利润,增强企业的竞争力和企业信誉。所以越来越多的企业已经意识到品质管理的重要性。

第一节　品质和品质管理的基本概念

一、品质的概念

品质一般包含两种含义,一是狭义的品质,即产品的质量;二是广义的品质,除了产品的质量外,还包括工作质量、过程质量、工序质量、服务质量等。在当今的企业经营理念中,我们应着眼于广义的品质。

对品质这个词也有多种解释。美国品质管理专家朱兰(J. M. Juran)说:"品质就是产品的适用性。"另一管理专家休哈特博士对产品质量也有过精辟的表述,他认为:质量兼有主观性的一面(顾客所期望的)和客观性的一面(独立于顾客期望的产品属性);质量的一个重要度量指标是一定售价下的价值;质量必须由可测量的量化特性来反映,必须把潜在顾客的需求转化为特定产品和服务的可度量的特性,以满足市场需要。国际标准 ISO9000：2000 中质量的定义为:一组固有特性满足要求的程度。在这个定义中,产品质量指产品满足要求的程度、满足顾客要求和法律法规要求的程度。因此,质量对于企业的重要意义,可以从满足顾客要求,满足法律法规的重要性角度来加以理解。其中顾客要求是产品存在的前提。

1. 产品质量

产品质量是由各种要素组成的,这些要素亦被称为产品所具有的特征和特性。不同的产品具有不同的特征和特性,其总和便构成了产品质量的内涵。产品的质量要求反映了产品的特征和特性满足顾客和其他相关方要求的能力。顾客和其他质量要求往往随时间而变化,与科学技术的不断进步有着密切的关系。这些质量要求可以转化成具有具体指标的特征和特性,通常包括使用性能、安全性、可靠性、可维修性、适应性、经济性等几个方面。

（1）产品的使用性能是指产品在一定条件下，实现预定目的或者规定用途的能力。任何产品都具有其特定的使用目的或者用途。如服装可以遮体、可以保暖。

（2）产品的安全性是指产品在使用、储运、销售等过程中，保障人体健康和人身、财产安全免受危害的能力。如服装面料甲醛含量不能超标、禁止使用偶氮染料等。

（3）产品的可靠性是指产品在规定条件和规定的时间内，完成规定功能的程度和能力。一般可用功能效率、平均寿命、失效率、平均故障时间、平均无故障工作时间等参量进行评定。如汽车的首次故障里程；婴幼儿服装所有附件的抗拉强力均不得低于 $70N \pm 2N$。

（4）产品的可维修性是指产品在发生故障以后，能迅速维修恢复其功能的能力。通常采用平均修复时间、修复难易程度等参量表示。如裤子破了可以修补，腰围太大了可以改小。

（5）产品的适应性是指产品在不同的环境下依然保持其使用性能的能力。环境包括自然环境和社会环境，自然环境指高温、高湿、低温、日晒等，社会环境指不同国家、不同地区、不同顾客等。如冶炼工作人员的服装必须耐高温、阻燃性好；一批出口到日本的服装必须满足日本的质量安全标准。

（6）产品的经济性是指产品的设计、制造、使用等各方面所付出或所消耗成本的程度。同时，亦包含其可获得经济利益的程度，即投入与产出的效益能力。如生产一件衬衫成本要 75 元，一名顾客用 150 元买下这件衬衫并实现了这件衬衫穿着等使用价值。

2. 服装质量的体现

服装的质量主要从以下三个方面得以体现。

（1）设计质量。服装设计要充分体现它的实用性、装饰性和时尚性，还要诱发人们的强烈购买欲。

（2）制造质量。服装制造要充分体现制造工艺的精细性、时代性和新颖性。这需要服装机械的专业性和技术的熟练度、创新性充分配合。

（3）服务质量。其包括的内容较多，首先是及时满足人们换季服装的要求；二是满足消费者的穿脱、携带、馈赠、洗涤、放置的便利性；三是售后服务的周到性。

二、品质管理的概念

品质管理的英文是 Quality Control，取其两个英文单词的首字母，缩写称为 QC，可以理解为"经济地制造出适合于顾客要求的品质的产品的手段和体系"。它包括以下四层含义。

1. 为用户提供满意的产品和服务是品质管理的出发点

企业进行品质管理即为了达到用户对产品质量的期望目标。所以，品质管理必须以用户的要求作为考虑问题与处理问题的出发点。

2. 用户要求的品质应与成本相适应

企业在确定品质标准时不能忽视成本，产品质量高低，要在不断降低成本的前提下进行，不能因品质的提高导致成本大幅度提高，这样不仅会给企业造成损失，也会给用户造成购买负担。所以，品质必须与成本相适应。

3. 品质管理有一套科学方法

品质管理使用的方法主要有：运用科学方法进行各种试验；运用检测手段测试产品质量；运用统计分析方法控制产品质量。

4. 品质管理是全员性的

品质与每一个成员都相关，他们的工作直接或间接地影响着产品或服务质量。为了获得较高的质量水平，必须要求组织内的所有成员都参加，并承担相应的义务和责任。

综上所述，品质管理不是简单的事后检测，而是以满足用户要求为出发点，以不断降低成本为前提，用科学方法进行分析的一系列控制活动。

三、品质管理的职能

随着市场经济体制的建立和发展，许多企业由生产型向经营型转变，品质管理越来越具有重要的意义和丰富的内容，其职能如下。

1. 制订并组织实施公司全面质量管理方针和各项质量目标。

2. 制订并实施公司全面质量管理宣传、培训及实施计划与方案，组织和实施质量管理活动并做出总结。

3. 制订和完善公司各项技术标准、作业标准和质量法规，并定期进行整改，保持其科学性和严密性。

4. 定期组织检查质量体系运行情况并进行质量分析，建立质量档案。

5. 收集、整理产品质量和全面质量管理方面的信息以及影响质量的因素，订立和执行对不合格品的预防措施。

6. 参加生产班组的质量管理活动，收集、总结质量管理方面的典型事例和经验，视情况组织推广或宣传教育。

7. 参与国家质量检验部门或供应商的评估活动。

8. 校正和控制检查仪器。
9. 处理客户的投诉和退货，包括对问题的调查、分析及改善措施。

四、品质管理的特性

服装生产是一种技艺结合的半手工生产形式，且品种多，时尚性强，生产周期短，在品质管理方面呈现出以下特性。

1. 品质管理的波动性

由于服装生产是以手工操作为主的流水作业，故生产稳定性差，品质管理难以控制，常处于波动状态。

2. 生产工人的可塑性

近二十年来，我国服装业发展较快，但与其他行业相比，其总体管理水平仍偏低。职工整体文化水平较低，但可塑性强，难以适应新形势的需要。因此，有待于努力提高全行业职工队伍的品质意识，提高从业人员的整体素质。

随着国际一体化进程的加快，国内外市场竞争日益激烈。新型服装市场体系要求以科学技术为先导，以科学管理为根本，进一步推行全行业的技术进步，提高行业的总体水平。服装企业要不断提高产品质量，加强科学管理，不断开发新产品、创新品牌，最大限度地提高生产效益。

五、品质管理的发展

经济社会发展的过程中，质量管理也经过了从无到有、从粗到细、从结果到全面的过程。20世纪初，质量管理随着工业革命的发展而发展，随着企业管理与实践的发展而不断完善，随着市场竞争的变化而发展起来。基本上可以划分为四个阶段。

1. 产品质量的检验阶段

这一阶段是按照一定的标准对成品进行检验，即从成品中挑出不合格品。这一阶段对工业发展本身来说是一个不小的进步，但是从质量管理角度来说，质量检验的效能较差。因为这种方法虽然可以防止不合格品出厂或流入下一工序，但是不能预防废品的产生，由废品造成的损失也无法消除。

2. 统计质量管理阶段

由于第二次世界大战对生产能力的大量需要，质检的工作量增大，军火交货期经常被延迟。美国政府和国防部为此组织数理统计学家制订了最早的质量管理标准。这一阶段主要采取数理统计原理，预防产生废品并检验产品的质量。预防质量事故的发生这一观念的转变，是质量管理工作的又一次重大进步。这一阶段的缺点是过分注重数学工具的使用，而忽略了管理工作和生产者的能动作用，所以显得"曲高和寡"，令人望而生畏，结果是阻碍了数理统计质量管理方法的推广使用。

3. 全面质量管理阶段

从 20 世纪 60 年代开始，质量管理中出现了"依靠工人"、"自我控制"、"无缺陷运动"和"QC 小组活动"等。经过多年的实践经验，结合管理界各种蓬勃发展的理论，如"人本管理"、"系统思考"、"学习型组织"、"精益生产（JIT）"、"ISO 质量管理体系标准"等。此时，全面质量管理理论已比较完善，在实践上也取得了较大的成功。

全面质量管理的特点就是在"全面"上：其包括全面质量的管理、全过程质量的管理、全员参加的质量管理。全面质量管理是指组织全体员工，把专业技术、生产管理、质量教育工作有效地结合起来，建立起全员参与生产全过程质量管理的体系，为客户提供满意的产品。主要有以下几个方面的含义。

（1）全面质量管理坚持以客户为关注焦点的指导思想，这里的客户一是指"内部客户"，企业内部的下道工序（轮班）是上道工序（轮班）的客户；二是"外部客户"，企业产品的消费者或使用单位是外部客户。现代生产都是一环扣一环，上道工序（轮班）质量会影响到下道工序（轮班）质量，一道工序（轮班）出了问题会影响整个过程，甚至影响产品质量。同时，企业还要在设计、生产、销售等过程中深入开展质量管理工作，为客户提供优质产品和服务。

（2）全面质量管理的特点是把过去的事后检验和把关为主，变为以预防和改进为主；把过去的就事论事、分散管理变为用系统的观点进行全面管理；从管理结果变为管理因素。对影响产品质量的关键问题，发动全体员工应用现代管理方法，对生产全过程的质量进行有效的控制。

（3）全面质量管理的核心是提高人的素质，调动人的积极因素，人人做好本职工作，通过提高工作质量来保证和提高产品质量和服务质量。

4. 标准化品质管理阶段

全面质量管理阶段使人们开始从系统的角度看问题，但对系统的品质控制缺少一套标准化的运作模式，只有把与质量相关的各个环节严格控制起来，才能从根本上确保每一件产品的质量。为此，需要从标准化的角度，利用标准化的技术去建立企业的质量管理体系，规划企业生产经营的各个环节，并通过专门的机构去监控质量管理体系的有效运行。

标准化是指在经济、技术和管理等社会实践中，对重复性事物和概念通过制订、发布和实施标准达到统一，以获得最佳秩序和社会效益的活动。"没有规矩，不成方圆"，实现标准化管理，会获得人、财、物和时间上的节约，从而获得最佳效益。标准化品质管理有如下作用。

（1）是现代化大生产的必要条件，使生产各环节有机联系起来。
（2）是组织专业化生产的前提，提高技术和效率。
（3）是科学管理的组成部分。
（4）是提高产品质量的技术保证。
（5）是合理开发品种的有效措施。
（6）促进资源优化配置。
（7）是推广新技术的桥梁。
（8）促进外贸发展。

第二节　服装品质管理的基本方法

一、品质管理七工具

品质管理有七大手法，是常用的统计管理方法，又称为初级统计管理方法。它主要包括统计分析表、数据分层法、排列图、因果分析图、直方图、散布图、控制图等所谓的品质管理七工具。

1. 统计分析表

统计分析表是利用统计表对数据进行整理和初步原因分析的一种工具，其格式可多种多样，这种方法虽然较简单，但实用有效（表1-1）。

表1-1　分析表

4M	问题点
设备	设备经常停机吗？ 维修点检正常进行吗？ 设备使用方便、安全吗？ 设备配置、何布置、好不好？
人员	是否遵守作业标准？ 工作技能足够吗、全面吗？ 工作干劲高不高？ 作业条件、作业环境如何？

续表

4M	问题点
材料	材料品质状况如何？
	材料库存数量是否合适？
	材料存放、搬运方式好不好？
方法	作业标准内容是否合适？
	作业前后的准备工作是否经济高效？
	前后工序的衔接好吗？
	作业安全性如何？

2. 数据分层法

数据分层法就是将性质相同的，在同一条件下收集的数据归纳在一起，以便进行比较分析。因为在实际生产中，影响质量变动的因素很多，如果不把这些因素区别开来，则难以得出变化的规律。数据分层可根据实际情况按多种方式进行。例如，按不同时间，不同班次进行分层，按使用设备的种类进行分层，按原材料的进料时间，按原材料成分进行分层，按检查手段，按使用条件进行分层，按不同缺陷项目进行分层等（表1-2）。数据分层法经常与上述的统计分析表结合使用。

表1-2 不合格品分层

缺陷项目	不合格品数（件）	缺陷项目	不合格品数（件）
污渍	20	抽纱、破洞	6
线迹	30	其他	4
尺寸不符	15	合计	85
熨烫	10		

数据分层法的应用，主要是一种系统概念，即在于要处理相当复杂的资料，就得懂得如何把这些资料有系统、有目的地加以分门别类的归纳及统计。

3. 排列图

排列图又称为柏拉图，由此图的发明者——19世纪意大利经济学家柏拉图（Pareto）的名字而得名。柏拉图最早用排列图分析社会财富分布的状况，他发现当时意大利80%财富集中在20%的人手里，后来人们发现很多场合都服从这一规律，于是称之为柏拉图定律。后来美国质量管理专家朱兰博士运用柏拉图的统计图加以延伸将其用于质量管理。排列图是分析和寻找影响质量主要因素的一种工具，其形式是用双直角坐标图，左边纵坐标表示频数（如件数、金额等），右边纵坐标表示频率（用百分比表示）。分折线表示累积频率，横坐标表示影响质量的各项因素，按影响程度的大小（即出现频数多少）从左向右排列（图1-1）。通过对排列图的观察分析可抓住影响质量的主要因素。这种方法实际上不仅在质量管理中，在其他许多管理工作中，例如库存管理，都是十分有用的。

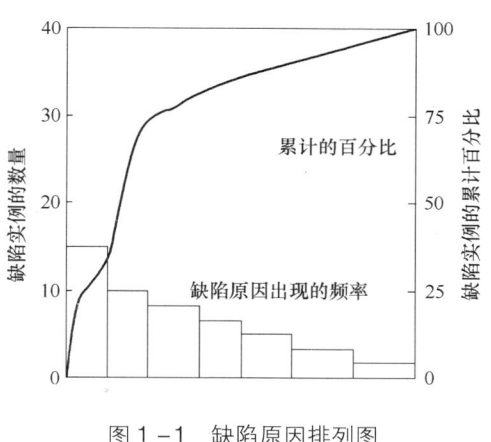

图1-1　缺陷原因排列图

在质量管理过程中，要解决的问题很多，但往往不知从哪里着手，但事实上大部分的问题，只要能找出几个影响较大的原因，并加以处理及控制，就可解决问题的80%以上。柏拉图是根据归集的数据，以不良原因、不良状况发生的现象，有系统地加以项目别（层别）分类，计算出各项目别所产生的数据（如不良率、损失金额）及所占的比例，再依照大小顺序排列，加上累积值的图形。

4. 因果分析图

因果分析图是以结果作为特性，以原因作为因素，用它们之间的箭头联系表示因果关系。因果分析图是一种充分发动员工动脑筋、查原因，集思广益的好办法，也特别适合于工作小组中实行质量的民主管理。当出现了某种质量问题，未搞清楚原因时，可针对问题发动大家寻找可能的原因，使每个人都畅所欲言，把所有可能的原因都列出来。

所谓因果分析图，就是将造成某项结果的众多原因，以系统的方式图解，即以图来表达结果（特性）与原因（因素）之间的关系。其形状像鱼骨，又称鱼骨图（图1-2）。

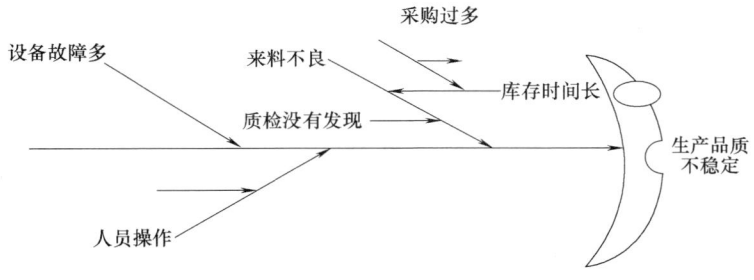

图1-2　鱼骨图

某项结果之形成，必定有原因，应设法利用图解法找出其因。首先提出了这个概念的是日本品管权威石川馨博士，所以特性原因图又称"石川图"。因果分析图，可使用在一般管理及工作改善的各种阶段，特别是树立意识的初期，易于使问题的原因明朗化，从而设计步骤解决问题。

分析图使用步骤如下。

步骤1：集合有关人员。召集与此问题相关的、有经验的人员，人数最好4～10人。

步骤2：挂一张大白纸，准备2～3支色笔。

步骤3：由集合的人员就影响问题的原因发言，发言内容记入图上，中途不可批评或质问。（脑力激荡法）

步骤4：时间大约1个小时，搜集20～30个原因则可结束。

步骤5：就所搜集的原因，哪个影响最大，再由大家轮流发言，经大家磋商后，认为影响较大者圈上红色圈。

步骤6：与步骤5一样，针对已圈上一个红圈的，若认为最重要的可以再圈上两圈、三圈。

步骤7：重新画一张原因图，未上圈的予以去除，圈数越多的列为最优先处理。

因果分析图提供的是抓取重要原因的工具，所以参加的人员应包含对此项工作具有经验者，才易奏效。

如何将追求的项目一一罗列出来，并将影响每个项目达成的主要原因及次要原因也整理出来，并使用因果分析图来表示，并针对这些原因有计划地加以强化，将会使你的管理工作更加得心应手。同样，有了这些原因分析图，即使发生问题，在解析问题的过程中，也能更快速、更可靠。

5. 直方图

直方图又称柱状图，它是表示数据变化情况的一种主要工具（图1-3）。用直方图可以将杂乱无章的资料，解析出规则性，比较直观地看出产品质量特性的分布状态，对于资料中心值或

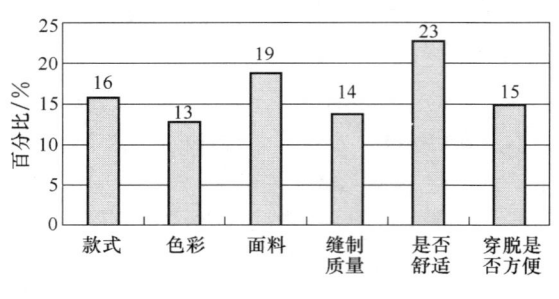

图1-3　柱状图

分布状况一目了然，便于判断其总体质量分布情况。在制作直方图时，牵涉一些统计学的概念，首先要对数据进行分组，因此如何合理分组是其中的关键问题。分组通常是按组距相等的原则进行，其两个关键数字是分组数和组距。

6. 散布图

散布图又叫相关图，它是将两个可能相关的变量数据用点画在坐标图上，用来表示一组成对的数据之间是否有相关性（图1-4）。这种成对的数据或许是特性——原因、特性——特性、原因——原因的关系。通过对其观察分析，来判断两个变量之间的相关关系。这种问题在实际生产中也是常见的，例如热处理时淬火温度与工件硬度之间的关系，某种元素在材料中的含量与材料强度的关系等。这种关系虽然存在，但又难以用精确的公式或函数关系表示，在这种情况下用相关图来分析就是很方便的。假定有一对变量 X 和 Y，X 表示某一种影响因素，Y 表示某一质量特征值，通过实验或收集到的 X 和 Y 的数据，可以在坐标图上用点表示出来，根据点的分布特点，就可以判断 X 和 Y 的相关情况。

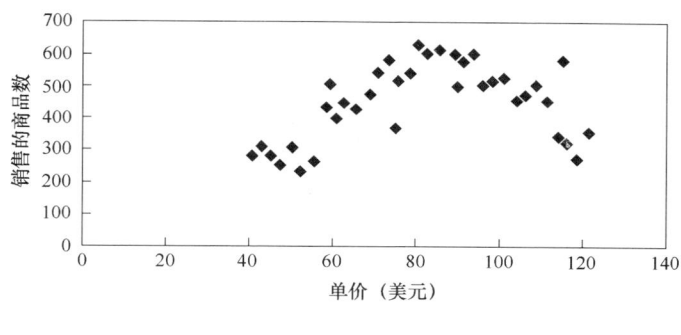

图1-4　散布图

在我们的生活及工作中，许多现象和原因，有些呈规则形的关联，有些呈不规则形的关联。我们要了解它，就可借助散布图统计手法来判断它们之间的相关关系。

7. 控制图

控制图又称为管制图。由美国的贝尔电话实验所的休哈特（W. A. Shewhart）博士在1924年首先提出，此后，就一直成为科学管理的一个重要工具，特别在质量管理方面成了一个不可或缺的管理工具。它是一种有控制界限的图，用来区分引起质量波动的原因是偶然的还是系统的，可以提供系统原因存在的信息，从而判断生产过程是否处于受控状态（图1-5）。控制图按其用途可分为两类：一类是供分析用的控制图，用于分析生产过程中有关质量特性值的变化情况，看工序是否处于稳定受控状；再一类是供管理用的控制图，主要用于发现生产过程是否出现了异常情况，以预防产生不合格品。

统计管理方法是进行质量控制的有效工具，但在应用中必须注意以下几个问题，否则的话就得不到应有的效果。这些问题主要是：①数据有误。数据有

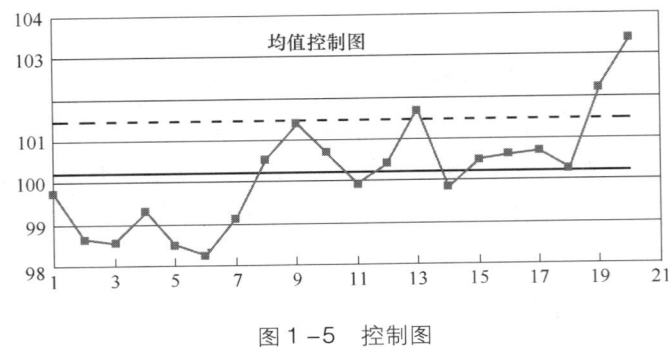

图1-5 控制图

误可能是两种原因造成的。一是人为的使用有误数据，二是由于未真正掌握统计方法；②数据的采集方法不正确。如果抽样方法本身有误则其后的分析方法再正确也是无用的；③数据的记录，抄写有误；④异常值的处理。通常在生产过程取得的数据中总是含有一些异常值，它们会导致分析结果有误。

以上概要介绍了七种常用质量统计管理的基本方法，这七种方法即所谓的"品质管理七工具"。这些方法集中体现了质量管理的"以事实和数据为基础进行判断和管理"的特点。这些方法看起来都比较简单，但能够在实际工作中正确灵活地应用，真实反应情况并解决问题并不是一件简单的事，它需要认真的工作态度和严谨的工作作风。

二、抽样检验法（AQL 检验）

AQL（Acceptable Quality Level）是根据被检对象特征而进行检验的一种方法标准。最初由美国军方制订，而发展到目前在非军事领域得到广泛的应用，并被世界服装业作为国际标准而采用。

AQL 意为可接受的质量水平，即用户明确规定检验的方法和疵点范围，只要这批货中的疵点百分率小于用户所制订的标准，那么，他将会接受供应商提供的货物。AQL 建立了根据用户指定的可接受的疵点百分率来判断货物是否合格的方法。

通常，作为一种抽样检验，总会有这样的可能：即受验货物的实际品质比检验的更好或更差。但是 AQL 把这种可能性降到最低，从而不失为一种公允的检验方法。它既保护了用户的利益，也保护了供应商的利益。它使合格产品不被接受或不合格产品被接受的可能性降到最低。

（一）AQL 检验适用的对象

AQL 抽样检验被广泛地应用于各种对象，例如：

1. 被检对象可以是原材料。这些原材料可以在货源处、收货处或在组装成成品的任何环节中被检验。通过对原材料的检验也可以建立对供应商品质的评估。

2. 被检对象可以是成品。对成品的检验可以在包装前，也可以在包装后。

3. 被检对象可以是半成品。半成品的检验在加工过程中进行，或是材料在一道工序结束而进入下一道工序被临时储存时，或者在生产线上的任何一道工序后。通过半成品的抽样检验可以判断半成品质量或工序加工质量的优劣。

采用什么样的品质水平和检验水平进行检验，可由客户和供应商共同决定，也可由客户规定并在合同中予以明确。通常在考虑这一问题时，商品的价值是重要的因素。例如对同一个客户，针织内衣的检验标准采用AQL4.0，而配套外衣的检验标准采用AQL1.5或更高的标准，原因就是外衣的价值比针织内衣高得多。

（二）AQL的主要内容

1. 品质水平

对应于不同的质量水平或要求，AQL有26种规定的数值，从0.65~15根据服装加工的特征，常用的AQL数值有1.0、1.5、2.5、4.0、6.5，其中又以2.5、4.0应用最为广泛。不同的数值体现了不同的质量水平。通常数值越小，代表品质要求越高。

2. 抽样水平

在AQL中，有三种普通检验水平和四种特殊检验水平。三种普通检验水平是LEVEL Ⅰ、LEVEL Ⅱ、LEVEL Ⅲ。四种特殊检验水平是S—1、S—2、S—3、S—4。

在三种普通检验水平中，LEVEL Ⅱ是常规水平，也是经常采用的水平。从LEVEL Ⅰ到LEVEL Ⅲ，检验的数量逐渐增加。如果以LEVEL Ⅱ作为中间值，LEVEL Ⅰ的抽样检验数为LEVEL Ⅱ的40%，它适用于品质较为稳定的状况或者产品出现不一致可能性极小的状况。LEVEL Ⅲ的抽样检验数是LEVEL Ⅱ的160%。由于检验的样本大，从而使接受不合格品的可能性降到最低，对客户来说是比较安全的检验水平（表1-3）。例如，货物的数量为1500个单位，采用AQL2.5。

表1-3 AQL普通检验水平

LEVEL	Ⅰ	Ⅱ	Ⅲ
抽样检验数	50	125	200
可接受的疵点数	3	7	10

四种特殊的检验水平的特点是抽样数量少。因为在某些情况下，例如检验的成本高，检验所花费的时间长，货物的品质比较稳定（单一产品的重复加工）。那么通过少许的抽样检验，就足以反映总体的品质水平（表1-4）。

表1-4　AQL特殊检验水平

LEVEL	S—1	S—2	S—3	S—4
抽样检验数	5	5	20	32
可接受的疵点数	0	0	1	2

从S—1到S—4，抽样检验数逐步增加。应该采用哪种水平，与很多因素有关。

（1）产品的制造方法以及质量特性分析。

（2）测试成本、测试时间的分析。

（3）供应商以往的质量状况。

（4）用户的要求分析。

（5）供应商的信用分析。

在确定检验方案时，要综合考虑到以上因素。

在服装的辅料检验中，有时采用以上的特殊检验水平，如拉链、纽扣等的检验。

3. 检验水平

对于工业生产来说，由于管理、人员变动，或者原材料的变化等原因，产品的品质有可能会发生波动。对于客户来说，波动意味着风险，即接受不合格产品的风险。为此，在AQL中，制订了三种检验标准，即：Normal（正常）、Tightened（严格）、Reduced（宽松）。并且，随着可能发生的品质波动，制订了三种检验水平的转换。

（1）正常（Normal）检验是最常用的检验，当刚开始检验新的供应商时，应采用此检验。

（2）一旦采用了正常（Normal）、严格（Tightened）、宽松（Reduced）三种检验标准中的任何一种，那么在以后对同系列或者同类型产品的检验中，都应采用这一标准，除非供应商的产品品质发生了波动。

（3）从正常检验转换到严格检验：当采用正常检验时，如果连续五次检验中有两次不合格，这时开始转换采用严格。

（4）从严格检验转换到正常检验：当采用严格检验时，如果连续五次都合格，这时可以转换采用正常检验。

（5）从正常检验转换到宽松检验：当采用正常检验时，连续十次检验均合格，并且生产处于稳定状态，客户也同意，这时可以转换采用宽松检验。

(6) 从宽松检验转换到正常检验：当采用宽松检验时，只要有一次检验不合格，或者生产处于波动状态，应立即转换成正常检验。

(7) 终止检验：当连续十次都不得不采用严格检验时，说明供应商的品质状况恶劣，这时需要采用的措施是提高产品质量。

（三）AQL 抽样检验方法与步骤

1. 决定检验方案

检验方案一般由客户决定或由客户与供应商协商决定。如果客户未有这方面的要求，供应商也可以根据以上所述原则去决定。

2. 抽样样本字码表

在 AQL 中，有一个"抽样样本字码表"。在检验方案决定后，可以根据该字码表来找到有关的数值。

3. 抽样方案

在 AQL 中，给出了一系列的抽样方案表格，这些表格给出了在不同的品质水平下，抽样检验的样本数，给出了允许数（Ac）和拒收数（Re）。

4. 产品检验

从所要检验的产品中，按照以上所述的样本数，随机地抽取样品。随机地抽取可以保证检验结果真实可靠。

在检验中，应该确保100%地检验所抽取的样品。即使在你检验若干件以后，发现疵点数已经超过拒收数，仍然应该继续检验所剩余的样品。因为检验的目的除了需要知道"接受"或"拒收"的结果外，还需要了解货物处于何种品质水平，并且可以通过积累历史数据，来判断供应商是否合格，并且决定以后对供应商的检验方案。作为供应商本身来说，也可以清楚如何去改善产品的品质。

5. 统计疵点数

统计所有的疵点并计数。

6. 判断合格与否

对照抽样方案表格中的 Ac 和 Re 就可决定是"接受"还是"拒收"，即如果实际疵点数小于或等于表格中的 Ac，则说明该批货物可接受。如果实际疵点数大于或等于 Re，则说明该批货物应拒收。

7. 简易实用的 AQL 表格

在实践中，可以将经常使用的 AQL 标准列成表格，放入有关的文件夹中，便于放在有关的工作场所。例如，某公司常用的检验方案为 LEVEL Ⅱ，一次正常或严格抽样检验（表 1-5）。

表 1-5 LEVEL II 一次正常或严格检验方案

批量	检验数	AQL1.5 正常 Ac	AQL1.5 严格 Ac	AQL2.5 正常 Ac	AQL2.5 严格 Ac	AQL4.0 正常 Ac	AQL4.0 严格 Ac	AQL6.5 正常 Ac	AQL6.5 严格 Ac
2~8	2	0	0	0	0	0	0	0	0
9~15	3	0	0	0	0	0	0	0	0
16~25	5	0	0	0	0	0	0	1	1
26~50	8	0	0	0	0	1	1	1	1
51~90	13	0	0	1	1	1	1	2	1
91~150	20	1	1	1	1	2	1	3	2
151~280	32	1	1	2	1	3	2	5	3
281~500	50	2	1	3	2	5	3	7	5
501~1200	80	3	2	5	3	7	5	10	8
1201~3200	125	5	3	7	5	10	7	14	12
3201~10000	200	7	5	10	8	14	12	21	18
10001~35000	315	10	8	14	12	21	18	21	18
35001~150000	500	14	12	21	18	21	18	21	18
150001~500000	800	21	18	21	18	21	18	21	18
500001 以上	1250	21	18	21	18	21	18	21	18

8. 检验中疵点的判断及计数

在进行 AQL 抽样检验时，检验者需要去发现疵点并予以计数。对于有些客户来说，还需要检验者对疵点的性质进行判断。疵点的性质即为疵点的严重程度，要注明所发现的疵点是严重疵点，还是轻微疵点，判断严重或轻微是 AQL 计数的需要。对带有严重疵点的某件成衣，计数时按 1 件计；对带有轻微疵点的某件成衣，计数时按 1/2 件计。

所谓严重疵点，是指疵点的性质可能会影响服装的销售性或实用性，或者与客户规格有重大差异的疵点，反之则为轻微疵点。在以上描述中，"影响服装销售性和实用性"很重要。例如，对于面料疵点，如果单独来看，凡是能目测到的疵点都为严重疵点。但是从服装的整体性来看，又涉及疵点所在的位置。如果位于服装领部或前上部等主要部位，由于其会影响到服装的销售性，属严重疵点。但如果疵点位于臂下或下摆，并且不影响服装的外观，可认为是轻微疵点。

第三节　服装产业与品质管理

一、服装产业概况

20 世纪中旬，服装产业经历了从产品产量、产品质量到生产成本的竞争，进入21世纪，服装行业的市场竞争已转变为服装企业对市场的响应速度、服装产品品牌以及服装企业技术创新能力的竞争。作为"世界工厂"的中国早在2000多年前就开辟了丝绸之路，拥有极为悠久的服装出口历史。时至今日，中国已经年产服装百亿件，掌握全球服装产业总量超过60%的市场份额，是不折不扣的"服装大国"。2007年，根据中国的修正报告，纺织工业预期完成3.05万亿元的工业产值，年比增长21.9%。最新统计报告显示，中国在2007年头11个月出口纺织品和服装价值1565.84亿美元，较上年同期增长19.86%。其中，服装和服饰出口超过1054.3亿美元，增幅22.2%，纱、布和其他纺织产品出口511.52亿美元，增长15.3%。

中国服装业有四大特征：规模大、产量大、水平低、结构差。水平低指的就是我们的服装设计水平低，这也是我国服装业只能替别人加工高档名牌服装，自己的产品难以成名的原因。

中国是世界上最大的服装消费国，同时也是世界上最大的服装生产国，但中国服装产业整体发展很不平衡。广东、江苏、浙江、山东、福建、上海等东南沿海省份所生产的产品占据了全国80%以上的市场份额。而中西部地区的服装产业则还非常落后。各服装企业之间的竞争也还停留在比较低的层面上，主要还停留在价格、款式等方面的竞争，绝大多数服装企业的产品销售还是以批发市场的大流通为主。而近年来服装企业的品牌意识虽然不断加强，但中国服装行业目前还只有有限的几个中国驰名商标，还缺乏真正意义上的国际服装品牌，主要还是通过低成本优势在与国际品牌进行竞争。

中国服装企业结构链停留在传统设计管理的模式，由于设计手段多停留在纸面放样的落后阶段，设计周期长，试制成本高，造成新产品创新能力弱，新品开发周期长，就不容易发掘适销对路的产品，进而造成库存积压，影响资金周转。工业发达国家的服装的新产品周期（设计、制作成成衣到进入销售）平均2周，美国最快为4天，而我国平均是10周时间，差距非常明显。

服装业在加入世界贸易组织以后，如果只依赖于较低的劳动力成本产生的价格优势，增长空间将越来越小，人民币汇率上升也对出口造成深远的影响。

中国服装行业最为成熟和稍微具备国际竞争力的当属男装和羽绒服，这片领域诞生了杉杉、雅戈尔、波司登、雪中飞等众多的知名品牌，集中了好几家上市公司，他们品牌实力较强，规模和竞争力都处于服装行业前列。但是总体来说，盈利能力还是太低，品牌没有规模。

1. 日益增大的库存压力

有人说：如果现在中国所有的服装企业都停产，中国人不用担心没有衣服穿。现在各企业所有的库存加起来还够在市面上卖两年。服装企业做大了，往往是伴随着库存急剧增大的代价。企业的销售翻了好几倍,账上的现金却没增长多少。由于服装季节性明显,且服装产品更新的速度越来越快,库存问题成为最令服装企业头痛的问题之一。

企业的库存表面是产能过剩造成的,实际上并非如此。

从市场需求角度来看,中国幅员辽阔,经济发展极其不均衡,需求呈现多样化,对消费者尤其是对不同等级市场需求特点的研究是服装行业比较欠缺的,这样就造成企业无法将自己的产品精确地或者有针对性地投放到这些需求者的市场上去。一方面是大量的库存;另一方面是服装消费严重落后。在中国,即使在一个城市中,市区和郊县的消费满足程度就存在相当的不同,城市消费过度,而在三类以下的城市却相对处于消费热点匮乏的状态。服装企业缺少抓住市场热点的能力,因此无法做到快速建立品牌规模的能力。市场经验的局限和研究的亏欠导致相当多的企业生产出来的产品无法形成市场转化能力。渠道不畅已然成为服装企业的制约短板。

从企业经营的导向来看,中国的服装企业普遍没有一种在行业抢占地位的意识和行为,企业经营主要还是从纯制造的角度来设计的。另外,企业可能对广告、传播、裁剪、款式、生产管理比较在行,但是对市场上的销售环节就显得力不从心了,尤其是没有适合中国国情的业务发展战略。

2. 缺乏自主的设计风格

服装设计是中国服装企业普遍的软肋。中国服装设计水准较国际水平远为落后,中国还没有诞生具有世界影响力的服装设计师。众多企业还是以抄袭、仿板为主,这样很难形成自己的产品风格。国内的服装企业缺乏完善的设计师培养机制,而很多有才华的设计师则更习惯自己创品牌或开设计工作室,而不愿意在企业发挥才华,使得中国的服装设计水准很难提升到一个新台阶。

纺织服装行业要想在今后获得更大的发展,就必须加快技术进步(但不一定是最先进的技术),用信息技术武装自己(关键是快和灵活的反应与应用),实现产业升级(主要是从纯制造型企业向市场导向型企业发展)。重视流行信息的作用已经成为推动服装产业时尚化的重要措施,日本和韩国靠美国的二手信息也都在汽车行业建立了自己的全球品牌。时尚品牌上升初期,无一例外不是从外观设计等次要的外在的非技术核心的部分开始的。

3. 行业专业人才匮乏

深入过服装行业的人才会清楚地意识到,服装行业整体人才队伍(生产管理、设计、营销、广告等)非常贫乏。因为服装行业多属民营企业,很多是从夫妻店起步,家族企业色彩往往比较浓厚,很多企业的战略现状不能给人才提供宽阔的舞台,因而吸引不了人才加盟,即使加盟了也留不住人才。在一个以人为本的知识经济年代，缺乏专才，对服装行业的发展影响绝对是巨大的。

从服装企业内部来看，人才将一直是困扰经营的问题之一，时尚性质决定服装企业的人才使用机制是高度流动性的。综观世界知名服饰公司，其设计与生产总是处于分离状态，生产走的是人力成本集约型路线，而设计走的是智慧经营的路线，这两者之间必然存在矛盾。

二、我国服装业品质管理模式的常见问题

我国服装业的品质管理常常出现以下问题。

①很多工厂声称有所谓的100%最终成品检验，但事实是这些检验员同时从事剪线头、扣纽扣、拉拉链等工作，这就是所谓的检验工作。

②无面、辅料的产前检查制度，常常在最终检验才发现有这样那样的问题。

③无品质管理的规章制度，不培训检验员，导致检验员在不懂品质标准和检验方式的情况下工作，甚至有些工厂的检验员是临时雇佣的，不能从事其他服装工作的闲散人员。

④不配备生产线检验员，不做工序检验，不做中期检验，也不测量尺寸规格。往往在最后检验时才发现车缝、尺寸以及整烫上的严重缺陷。

⑤检验区域照明不良，很难达到检验的实际效果。

⑥检验员的工资水平是最低的，很难发挥检验员的积极性。

对于检验要求不严格的供货商很难能生产出合格的产品。缺乏品质管理体系的工厂认为品质管理就是检验，而实际的情况是如果在成品检验时，发现了无法改正的病疵，管理层也只能不了了之。对于这些品质问题所产生的后果，有些工厂仍然没有去追究自身管理上的缺陷，而是归咎于客户要求过高。

三、服装生产工艺流程简介

一般的服装生产加工都按如下工艺流程进行：验布→裁剪→印绣花→缝制→整烫→检验→包装→入库。

1. 面、辅料进厂检验

面、辅料进厂后要进行数量清点以及外观和内在质量的检验，符合生产要求的才能投产使用。在批量生产前首先要进行技术准备，包括工艺单、样板的制订和样衣制作，样衣经客户确认后方能进入下一道生产流程。面料经过裁

剪、缝制成半成品，有些机织物制成半成品后，根据特殊工艺要求，需进行后整理加工，例如，成衣水洗、成衣砂洗、扭皱效果加工等，最后经过锁眼、钉扣辅助工序以及整烫工序，经检验合格后包装入库。

把好面料质量关是控制成品质量的重要一环。通过对进厂面料的检验和测定可有效地提高服装的正品率。同时对进厂的辅料也要进行检验，如松紧带缩水率、黏合衬黏合牢度、拉链顺滑程度等，对不能符合要求的辅料不予投产使用。

2. 技术准备

在批量生产前，首先要由技术人员做好大生产前的技术准备工作。技术准备包括工艺单、样板的制订和样衣的制作三个内容。技术准备是确保批量生产顺利进行以及最终成品符合客户要求的重要手段。

3. 裁剪工艺

一般来说，裁剪是服装生产的第一道工序，其内容是把面料、里料及其他材料安排料、划样要求剪切成衣片，还包括排料、辅料、算料、坯布疵点的借裁、套裁、裁剪、验片、编号、捆扎等。

4. 缝制工艺

缝制是整个服装加工过程中技术性较强的中心工序，它是按不同的款式要求，通过合理的缝合，把各衣片组合成服装的一个工艺处理过程。根据款式、工艺风格等可分为机器缝制和手工缝制两种。在缝制加工过程中一般实行流水作业，如何合理地组织缝制工序，选择缝迹、缝型、机器设备和工具等都十分重要。

5. 锁眼钉扣

服装中的锁眼和钉扣通常由机器加工而成，扣眼根据其形状分为平眼型和凤眼型两种。

6. 整烫

人们常用"三分缝制，七分整烫"来强调整烫是服装加工中的一个重要的工序。成衣制成后，经过熨烫处理，达到理想的外形，使其造型美观。熨烫一般可分为生产中的熨烫（中烫）和成衣熨烫（大烫）两类。

7. 成衣检验

服装的检验应贯穿于裁剪、缝制、锁眼钉扣、整烫等整个加工过程之中。在包装入库前还应对成品进行全面的检验，并且制订必要的质量检验标准，以保证产品的质量。

8. 后整理

后整理包括包装、储运等内容，是整个生产过程中的最后一道工序。操作工按包装工艺要求将每一件整烫好的服装整理、折叠好，放在胶袋里，然后按装箱单上的数量分配装箱。有时成衣也会吊装发运，将服装吊装在货架上，送到交货地点。

为了使工厂按时交货，赶上销售季节，在分析服装产品的结构、加工工艺等特点后，对纸样设计、成品规格、裁剪工艺、缝纫加工、整烫、包装等各生产环节制定出标准技术文件，才能生产出保质、保量、成本低并满足消费者、客户需求的服装。

服装的包装可分挂装和箱装两种，箱装一般又有内包装和外包装之分。

思考与练习：

1. 阐述品质和品质管理的概念。
2. 品质管理有哪些职能？
3. 服装品质管理有哪些特性？
4. 简述服装品质管理的发展阶段。
5. 服装品质管理常用的方法有哪些？
6. 简述服装生产工艺流程。

第二章　面料品质管理

- 第一节　面料基础知识
- 第二节　面料品质管理规划
- 第三节　面料检验的方法和步骤
- 第四节　面料检验的主要项目
- 第五节　面料的疵病检验

> **学习目标**：1. 了解基础知识；
> 　　　　　　2. 了解面料品质管理规划项目；
> 　　　　　　3. 熟悉面料检验的方法和步骤；
> 　　　　　　4. 掌握面料的检验项目及检验方法、标准；
> 　　　　　　5. 掌握面料的疵病种类和质量等级。
> **学习重点**：1. 面料检验项目；
> 　　　　　　2. 面料的疵病检验。
> **学习难点**：面料检验方法与质量标准。

第一节　面料基础知识

一、织物的原料

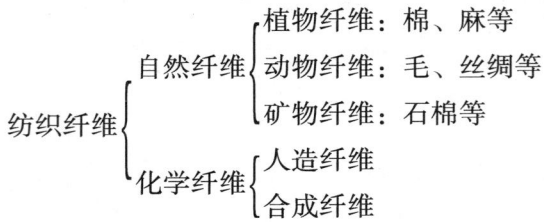

二、织物生产流程

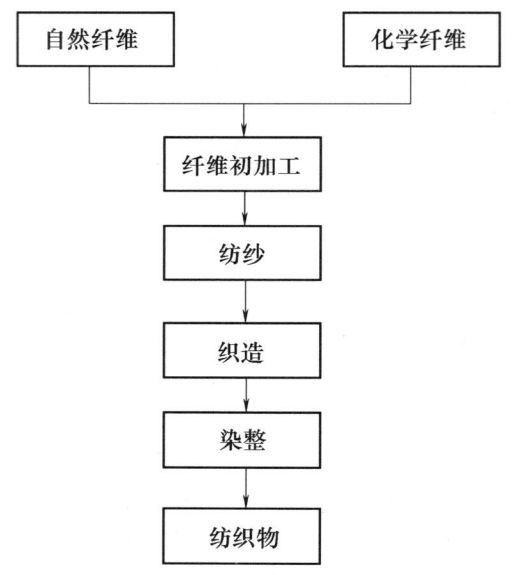

三、织物的分类与特性（图2-1）

织物分类 { 针织面料：具有良好的吸湿性、透气性、延伸性、柔软性和保暖性
机织面料：具有质地牢固、挺括耐磨、不易变形的特性

 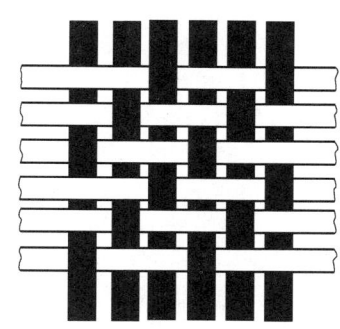

图2-1 针织物与机织物的组织结构区别

四、常见的织物整理要求

1. 棉及棉型织物

一般都要进行拉幅整理，此外有些品种还需进行增白整理、上浆整理、防皱整理、涂层整理等；毛型织物进行柔软、电光、轧纹、起毛、割绒整理等。

2. 丝织物

一般要进行定幅、轧光和蒸绸整理，有些品种还需进行增重、硬挺整理、防静电整理等。

3. 毛及毛型织物

精纺织物：要求整理后织物具有织纹清晰的表面。

粗纺织物：要求整理后织物表面具有短而平整的绒毛。

五、常见针织类面料介绍

1. 汗布（单面布）（见封二彩页图2-2、图2-3）

织物组织：采用简单的纬平组织，正面纹路清晰，背面纹路呈弧线状，织物易卷边。

织物风格：具有良好的贴身性，透气性好，织物柔软而富有弹性，吸湿性强。弹力汗布还具有外观毛型感强、保型性好的特点，但易起静电。

织物用途：适宜制作衬衫、背心等。

2. 棉毛布（双面布）（见封二彩页图2-4、图2-5）

织物组织：棉毛布在编织结构上由正、反面相互交替成圈而成，面料无正反面之分，不会卷边，但会沿反方向散脱。

织物风格：面料具有较好的横向弹力和纵向延伸性。保暖性好，吸湿性强，手感丰满。

织物用途：可用于制作 T 恤、内衣、运动服等。

3. 绒布（毛圈布）（见封二彩页图 2-6、图 2-7）

织物组织：面料的正面是普通的针织线圈，反面是排列有序的毛圈结构，此类面料称为毛圈布。经机械处理将毛圈拉成绒毛后称之为绒布。

织物风格：保暖性好，手感柔软，绒毛丰满，吸湿性好。

织物用途：宜制作冬季内衣、睡衣、儿童春秋外衣等面料。

4. 摇粒绒（见封二彩页图 2-8、图 2-9）

织物组织：摇粒绒的编织结构通常为针织组织，有单面和双面之分，多采用涤纶、腈纶、锦纶等做起纱。

织物风格：织物厚实、丰满，手感柔软，绒毛牢度好，弹性强，抗皱性好。

织物用途：摇粒绒可以做外套，裤子，背心等，大多应用在外套的里料。特别是秋冬厚重保暖童装中应用得更多。

5. 华富格（见封二彩页图 2-10、图 2-11）

织物组织：华富格面料以针织结构较为多见，线圈间按一定的图案规律编织花纹，正、反结构各异，多采用纯棉高支纱为原料，或用涤棉混纺纱，也有的采用涤纶丝或锦纶丝等。

织物风格：具有良好的弹性，通常横向延伸性大，贴身一面柔软，吸湿透气、穿着舒适，但易变形、缩水率较大。

织物用途：适宜做背心、T 恤。由于华富格编织间隙较大，因此多用于制作夏天的衣服。

6. 罗纹布（见封二彩页图 2-12、图 2-13）

织物组织：罗纹面料为双面组织，通常有 1+1、2+2 等种类之分。

织物风格：面料横向具有极高的延伸性和弹性。密度越大，弹性越好。面料不卷边，织物有逆向散脱性。

织物用途：常用于制作男女背心、夹克衫、T 恤等。外套常用罗纹做袖口、领口、门襟、下摆、腰身和镶条等。

7. 剪绒布（见书后彩页图 2-14、图 2-15）

织物组织：坯布为高密度毛圈布，经机械剪刀割绒后成为剪绒布，俗称天鹅绒，优质面料的绒面通常为棉纤维，而底面一般选用化学纤维。

织物风格：绒面绒毛浓密、质地丰厚，手感柔软富有弹性、色泽鲜艳。毛向分为顺毛和倒毛，顺毛颜色浅，倒毛颜色深。

织物用途：常用于睡衣、少女装、童装和一些儿童用的睡袋、口水巾等。

8. 针织提花布（见书后彩页图 2-16、图 2-17）

织物组织：按设计的图案进行编织的织物，一般均使用优质的棉纱，但面料易变形。

织物风格：质地轻薄，图案清晰，手感柔软，吸湿性好，弹性强，但易变形。

织物用途：适宜做汗衫、背心、T恤、棉毛衫等。

9. 复合布（见书后彩页图 2-18、图 2-19）

织物组织：面料多数以提花结构为主，也有用胶将上、下两层黏合的，通常里层用纯棉，中间加真空棉，外层用化纤。

织物风格：坚牢耐用，手感丰满，保暖性好，不易变形。

织物用途：适宜做外衣、棉袄、棉裤等。

六、常见机织类面料

1. 平纹织物（见书后彩页图 2-20）

织物组织：经纱和纬纱每隔一根纱进行一次交织，结构稳定。

织物风格：布面平坦、质地坚牢、表面光滑，保暖性、透气性好，但弹性较差。

织物用途：适宜做衬衫、内衣、休闲服等。

2. 斜纹布（见书后彩页图 2-21、图 2-22）

织物组织：斜纹布一般分为单面斜纹和双面斜纹，倾斜度为 53°左右。单面斜纹的正面斜纹纹路清晰，反面则不甚明显。双面斜纹正反面斜度相反。

织物风格：厚实柔软，有光泽，纹路饱满突出，保暖性好。但坚牢度和稳定性不如平纹布。

织物用途：常用作制服、运动服、童装、运动鞋的夹里和衬垫料。宽幅漂白斜纹布可作被单，经印花加工后也可做床单等。

3. 色丁布（又叫五枚缎）（见书后彩页图 2-23）

织物组织：缎纹面料，所用纱支较细，多用纬面缎纹，经密纬稀。

织物风格：结构紧密，质地柔软，富有光泽，布面细洁，手感滑爽。

织物用途：常用做装饰面料。例如：舞台装、童装、礼服、鞋面、服装配件等。

4. 灯芯绒布（见书后彩页图 2-24、图 2-25）

织物组织：灯芯绒纬向起绒，纵向呈灯芯状绒条，又称条绒。原料一般以棉为主，也有和涤纶、腈纶、氨纶等纤维混纺或交织的。

织物风格：绒条圆润丰满，绒毛耐磨，质地厚实，手感柔软，保暖性好。但毛向有顺毛和倒毛之分，顺毛颜色浅，倒毛颜色深。

织物用途：主要用做秋冬外衣、鞋帽面料，也宜做家具装饰布、窗帘、沙发面料、手工艺品、玩具等。加了氨纶丝即可为弹力灯芯绒。

5. 帆布（见书后彩页图2-26、图2-27）

织物组织：使较粗的纱线作为经纱和纬纱，用平纹结构织成的面料叫帆布，极少量的也有用斜纹组织。另一种是用多股线作经纱、纬纱织成的布叫线帆布。帆布通常分粗帆布和细帆布两大类。

织物风格：质地厚实，吸湿性强，保暖性好，抗皱耐磨。

织物用途：帆布用于制作劳动保护服装及其用品。经染色后也可用作鞋、旅行袋、冬装外套、裤子、背包等。

6. 涤纶（210T和190T）（见书后彩页图2-28、图2-29）

织物组织：通常采用平纹结构编织，少量的有斜纹组织，织物原料大多为尼龙或涤纶，织物密度高。

织物风格：手感平滑挺括，保暖性好，抗皱性强，但吸湿性差，易产生静电。

织物用途：适宜做登山服、冬装等。

7. 锦纶布（见书后彩页图2-30、图2-31）

锦纶布也称尼龙布，基本为平纹组织，织物表面平滑挺括。

织物风格：织物抗断裂强度高，耐磨性好，但是吸湿性和通透性都较差。在干燥环境下易产生静电，也易起毛、起球，染色牢度差，直接接触皮肤对皮肤容易产生过敏反应。

织物用途：锦纶布适宜制作夹克、滑雪服及棉服等。

8. 牛仔布料（见书后彩页图2-32、图2-33）

织物组织：斜纹结构，一般经纱为染纱，纬纱为白色，也有色经、色纬等。

织物风格：厚实耐磨，吸湿性强，透气性好，保型性好，手感丰满。通常有蓝牛、黑牛、竹节牛、雨点牛等，还有保暖性较好的弹力牛仔。

织物用途：适用于半腰裙、牛仔短裤、衬衫、外套、连衣裙等。

9. 羊羔绒（见书后彩页图2-34）

织物组织：针织编织为主，原料多采用纯化纤。

织物风格：绒毛细密，毛面丰满，保暖性好。但易散脱，易产生静电。

织物用途：适宜做毛领、帽子、棉袄里等。

七、常用印花工艺分类（见书后彩页图2-35～图2-42）

第二节　面料品质管理规划

　　面料是服装制造的主要材料，服装款式只是改变面料的外观形状，而不能改变面料的性能、质地和色泽，更不能改变面料的原有疵点，故面料的质量直接影响服装的最终品质。

　　面料检验包括外观质量和内在质量两大方面。外观上主要检验面料是否存在破损、污迹、织造疵点、色差等问题。经砂洗的面料还应注意是否存在砂道、死褶印、皲裂等砂洗疵点。影响外观的疵点在检验中均需用标记注出，在剪裁时避开使用。面料的内在质量主要包括缩水率、色牢度和克重（姆米、盎司）三项内容。在进行检验取样时，应剪取不同生产厂家生产的、不同品种、不同颜色具有代表性的样品进行测试，以确保数据的准确度。

　　有些加工厂对面料的管理有以下误区。

　　1. 面料进厂不检验质量，甚至数量，往往在开裁以后才发现面料的短缺，以致尺码搭配不符合订单要求。

　　2. 检验面料与辅料同时进行，往往在检验辅料时发现问题，从而影响开裁期，直至影响生产计划期及出货期。

　　3. 实行所谓的100%裁片检验，但如果换片率高，那么，色差问题就会很难解决。另外，不可能把裁片退回给面料商，这样会影响车缝工序，从而影响交货期。

　　4. 不管是半成品或成品，一旦发现面料疵点，都将使生产陷入被动局面，直接影响交货期。因此，一定要有规范的品质管理规划。

一、面料本身品质规划

1. 立即检验

　　面料进厂应立即进行检验。"立即"很重要，如较早发现问题，可以及早采取补救措施。要知道重新生产面料是需要时间的。那些特殊规格的面料，如经纬纱支或经纬密度不同于市售的常用规格，就需要定织定染，从而需要时间。对那些生产流程长的面料，如色织面料，会需要较长的生产周期。面料合格方可入库存，不合格的面料不入库、不开裁。

2. 抽样检验的数量

进料时根据生产需要进行抽检或全检，抽检时先检验面料总数量的 10% 进行判定，但如果面料的价值较高，或者客户有需要时，在抽检合格后再进行 100% 检验。如果在检验面料总量的 10% 以后，发现面料品质不合格。应通知供货方采取相应的措施，待改善面料的品质以后再重新检验。

3. 测试

面料测试主要是物理和化学性能的内在质量测试。外观检验仅仅是面料检验的一部分，目测所不能及的内在质量必须通过实验室测试，如色牢度、强力、pH 值、甲醛、APEO[①]、偶氮染料等。大多数客户通常会要求指定测试机构测试并确认面料测试报告。即使客户不要求，收货时也应该对面料取样并测试。还要特别指出的是：测试样由收货方从大货中随机抽取，因为有些供应商会对测试的样品做一些特定的加工。如果测试已经合格，公司可以有选择地测试一些与服装加工密切相关的项目，如测定较多数量面料的缩水率、烫缩率等，以获得准确的工艺数据。供应商为了达到所要求面料品质的调试指标，从技术上来说，已经无很大问题，但会使供应商的成本相应提高。例如，缩水率要求小于 3%，在技术上可以达到，但是整理成本高，还会造成面料数量的损失，供应商或者制造商就会尽可能地把缩水率定在 3% 左右。这样在测试时，就有可能达不到既定的缩水率。

二、相关要素规划

1. 面料检验员

要求有丰富经验的检验员，并要求检验员做好检验记录和检验报告。

2. 检验光线

在标准光源下进行，或使用验布机。

3. 客供面料

即使是客供面料也要进行检验，并将结果告知客户。

4. 不合格的面料

不合格的面料不开裁，这是面料品质管理的基本原则。检验面料不合格及时通知相关部门和人员进行解决。

---

① APEO：原名为 Alkylphenolethoxylate，是烷基酚聚氧乙烯醚类化合物，是目前广泛使用的非离子表面活性剂的主要代表。

第三节 面料检验的方法和步骤

一、面料的基本品质要求

合格的面料必须满足以下要求。检验时应该对每一个细节予以注意。

①面料的匹长大于27.4m（30码）或符合订单要求。

②面料的实际匹长不能少于码单的1%。

③假开剪的数量不能超过订单要求且布头布尾9.2m（10码）以内不能有假开剪。

④面料的幅宽不能小于订单要求的0.5%。

⑤面料不能有前后色差、左右色差及色花。

⑥面料的颜色与确认样比较，其颜色差异必须在4级以上。

⑦匹与匹的颜色差异必须在4级以上。

⑧面料的纬弧、纬斜必须小于3%。

⑨100平方码的疵点评分应小于30，或100m内扣分不超过50分。

⑩色牢度、缩水率及其他测试要求符合订单要求。

⑪面料的组织规格符合订单要求。

⑫面料的外观和手感符合确认样要求。

二、面料检验的方法和步骤

1. 确定检验数量

抽样方案：抽验时按每批次计算，1000码以内全检，1001至5000码抽30%（不少于1000码），5000码以上抽检20%（不少于5000码）。

2. 选择检验包号

随机抽取，要具有代表性。

3. 检验基本项目

检验项目包括：外观、手感、花型、匹长、颜色、幅宽、纬斜（弧）、厚（密）度、缩水率、色牢度等。如果基本项目不合格可立即归入不合格类别。

4. 检查数量

检验单匹码数与布卷标记是否相符，短码超过1%视为不合格。

5. 检验疵点

在验布机上检验，拉布速度应该合适，一般以足够看清为原则，不合适的速度会影响验布的准确性。在做疵点检验时，只要会影响加工和对服装的外观、功能有影响的可见疵点都应扣分。

6. 标记疵点

发现了疵点应在布边或疵点位置做标记，做好记录，并做好每匹（卷）布的100平方码（100m）的评分。如果该匹面料不合格，也应该向供应商说明疵点的状况和退货理由（图2–43）。

图2–43 观察疵点及打码

7. 统计不合格的布卷数

此时，已经可以知道受检面料中的每卷（匹）布是否合格，依据检查数据结果进行统计、汇总。

8. 确定该批布是否合格

作为服装厂或客户，当然希望每一卷（匹）布均为合格品，但对于面料厂家来说很难达到，因此，需要有一个双方接受的标准。

检验批布一般采用AQL抽样标准检验。常规的面料采用AQL 4.0、LEVEL II标准进行检验。特殊情况下面料的检查需与客户沟通，这与面料的价值有关。如果是采用普通检验，可参考表2–1。通过统计不合格的布卷，就可确定该批布是否合格。即当实际不合格的布卷（匹）数小于或等于表中可接受的不合格布卷（匹）数，该批面料可以接受（表2-1）。

表2-1　普通抽样检验标准

受检布卷（匹）的总数	抽样检验数	可接受的不合格布卷数
2~8	2	0
9~15	3	0
16~25	5	0
26~50	8	1
51~90	13	1
91~150	20	2
151~280	32	3
281~500	50	5
501~1200	80	7
1201~3200	125	10
3201以上	200	14

第四节　面料检验的主要项目

一、面料的组织结构

1. 面料的组织

面料的组织是指纱线交织的规律。对机织物而言，是指经纬纱的交织规律，如平纹、斜纹、缎纹以及提花等；对针织物是指平纹、罗纹、单面、双面、经缎等。我们验布不需要精确地分析纱线的交织规律，只需要检验花纹的外观和大小是否符合确认样。可以目测或借助放大镜、照布镜观察面料的纱线交织规律和花纹外观。任何组织或花纹的错误，都判为重大疵点，为不合格品。

2. 纱线的支数

纱线的支数表示纱线的粗细，目测不能判断，一般由实验室做。如果发现面料的厚度、密度和重量不符合确认样时，可送专业测试机构测试纱线的支数。

3. 面料的密度

机织物经向或纬向单位长度内的纱线根数，有经密和纬密之分。通常有以下几种检验方法。

①分解拆纱法：剪取一定尺寸，一般大于 2.54cm × 2.54cm 的矩形试样，从边缘起逐根拆除，然后计算得到单位长度内的纱线根数。

②照布镜分析法：在照布镜窗口，点经纱、纬纱根数。照布镜的尺寸是 2.5cm × 2.5cm，点数的结果为 1 英寸内的经纬纱根数。

③斜光栅密度分析法：一种简单的测定方法，但误差太大，所以一般不大采用。

在测定经纬密度时，取样位置至少离面料头尾 1m 以上。

4. 面料的重量

针织物一般用单位面积重量（如 g/m^2，俗称克重）来表示规格，机织物也有单位面积重量规定。可以用标准取样器取样，用电子天平称称重得出，或通过整匹称重，再用以下公式计算得出：

单位面积重量（g/m^2）= 整匹布重量（g）/整匹布面积（m^2）

其中，整匹布面积为：

匹长（m）× 平均宽度（m）

进行公英制单位换算可用以下公式：

盎司/平方码 = 单位面积重量（g/m^2）/0.0295。

在进行面料重量检验时，将实际重量和要求重量进行对比，一般允许误差为 −2%、+5%。但如果出口到重量限额出口的国家，则不适合该允差。

二、面料的幅宽

幅宽一般分最大幅宽和有效幅宽，最大幅宽是指一边布边到另一边布边的距离，有效幅宽是指针孔以内可能使用的最大距离。织造厂最常用的幅宽测量方法是量布边之间的距离，即面料的最大幅宽。但在服装生产中，含有边撑针眼的布边是不能用来制衣的，这就需要测量有效幅宽。在订购面料时，可以要求织造厂按有效幅宽供货。由于幅宽直接影响制衣排料，因此测量幅宽是重要的检验项目（图 2 − 44）。

在检验面料幅宽时，每匹布最少测 5 次，即头尾各一次，中间不同位置若干次，测布头、布尾时也应离布匹的端头 1m。如果在检验时，发现匹与匹之间的幅宽有较大差异，就要逐匹测量每匹布的幅宽并分档，避免在裁剪时产生"窄幅布"。纬向弹力面料由于其布幅的不稳定性，三次测量更为重要。公司在订购面料时，会给出一个幅宽的上下限，例如 44 ~ 148cm（57 ~ 58 英寸）、109 ~ 112cm（43 ~ 44 英寸）等，大货的实际幅宽应在公司订购合同规定的范围内。

图 2-44 测量面料的幅宽

三、面料的匹长

从服装生产的角度看,面料的匹长越长越好。从面料生产的角度看,面料的匹长越短,面料供应商越方便。因为面料总会有疵点,有些疵点必须开剪,而开剪必然会缩短面料的匹长。面料裁剪时根据辅料长度进行断长,面料的匹长最好是辅料长度的整数倍,但是在实际裁剪中是不可能的。通常的匹长标准不低于 27.4m(30 码)。

对生产难度大、疵点产生可能性大的面料,由面料工厂向公司了解其辅料长度,在得到公司同意后,可以采用相当于辅料长度的匹长。

面料厂为了满足最小匹长,对一些疵点不开剪,仅在布边挂一色线作为疵点标记,即所谓的"假开剪"。应该指出的是,假开剪是一个标记,不等于有了这个标记,疵点就可以接受。为了防止面料厂滥用假开剪,对面料厂一般的要求是:27.4m(30 码)以内不允许假开剪,27.4~54.8m(30~60 码)不超过一个假开剪,54.8m(60 码)以上不超过三个假开剪,布头、布尾 4.6m(5 码)以内不允许假开剪。检验员的责任是检查匹长和疵点数量是否符合要求。

卷装面料匹长的检验在验布机上进行,验布机上的码表可以反映出长度数量。如果是折叠包装的面料,也可以量折叠层的长度,至少在不同的折叠层量三次,计算其平均值,即:折叠包装的面料长度 = 折叠层长度(三次平均值)× 层数×2；面料的匹长不能小于标示长度。

四、面料的花型颜色

1. 花型

面料的花型与确认样核对必须准确无误。

2. 颜色

严格地说，面料的颜色与确认样核对也应准确无误。但从面料的实际生产来说，要求完全一样似乎并不可能。一般的，如果与确认样色差在四级以上（评定变色用灰色样卡）也可接受。如果客户对颜色的要求较高，即使在四级以上，也要将大货面料送客户确认。

在检查大货面料的颜色时，检验员要特别注意同一匹布的前后色差和左右色差，以及匹与匹之间的色差（俗称缸差）。同一匹布的前后色差和左右色差过大是不能接受的，而缸差如果在四级以上，一般可接受。如果勉强达到四级（目测有差异）时，生产中必须分色。

进行颜色检验的方法如下。

①在待检面料上剪下全幅宽五英寸长的布条，并标记左右边和匹号、缸号。用该布条在匹布的中间、尾部各核对一次，确保面料无前后色差。

②在待检面料的布头、中间和布尾，将左右合拢，检查有无左右色差。

③在其他的待检面料上都剪下这样的布条，同样检验前后、左右的色差。

④最后把这些布条集中起来，检验匹与匹之间的缸差情况。

⑤如果缸差勉强达到四级，并且目测有色差，则需对所有的面料分色。首先，根据这些布条的缸差情况，制作缸差卡，做好记号，如A色、B色等。用缸差卡去核对所有面料，在面料上也做好A色、B色等记号。将此缸差卡以及各个缸差颜色的数量作为生产技术文件提供给有关部门。

颜色评估的结果与下列三个因素有关：①被评估的样品；②光源；③观察者。

在上述三者中，光源和观察者是可变的因素。尽管人与人对颜色的感觉和认识会有差异，但不足以使评估结果出现很大的偏差。而由于气候、地点和时间等光源条件的变化，有可能使评估结果产生较大偏差。为此，在颜色评估中，标准的人造光源被广泛的采用。灯箱就是一种人造光源，是一种在特定光源条件下进行对色、评定色泽的工具。在灯箱中模拟的标准人造光源有：北向天然光（DAY）、白炽光（A）、紫外光（UV）、冷白荧光（CWF）。可按需要选择需要的光源,目的是能反映色泽的真实情况。其中,北向天然光(DAY)采用的最多。

如果有条件,颜色检验(如原样色差和缸差)可在灯箱中进行(图2-45)。如果没有条件,则可以在自然的北向光下进行对色评级。

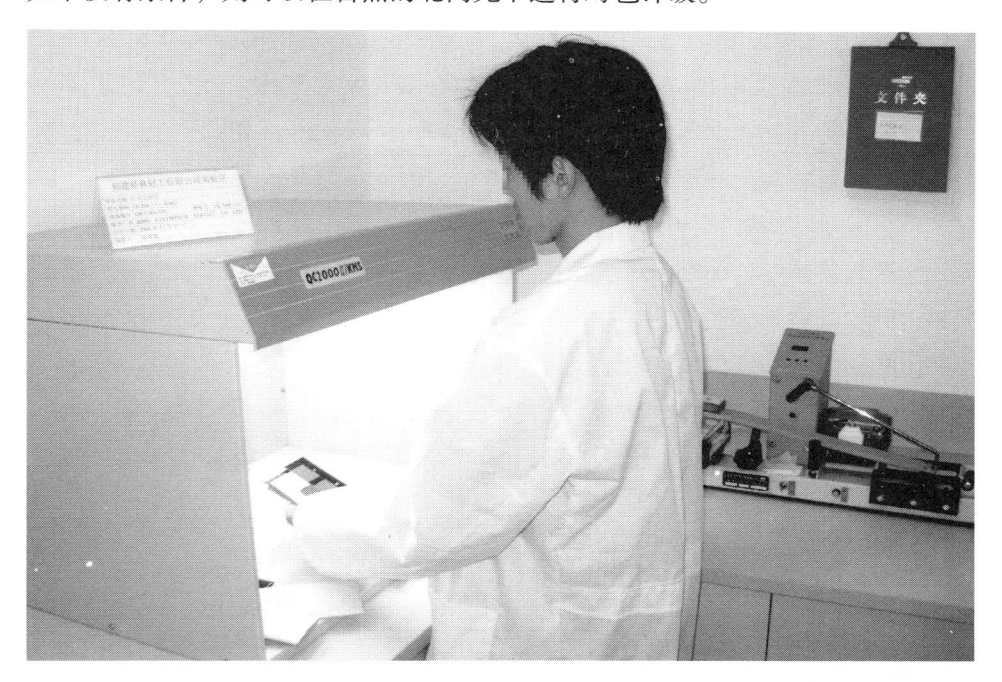

图2-45 灯箱对色

五、纬斜与纬弧

纬斜与纬弧是由面料内所产生应力的一种常见疵点,主要由整理造成,纬斜是指经纬纱线交叉不垂直,纬弧是指纬纱不直而造成的弯曲现象。由于其严重影响着服装加工的品质,所以也是重要的检验项目。

一般规定,纬斜与纬弧必须小于2%~3%。从服装加工的要求来说,纬斜与纬弧小于2%更为合适。因为如果纬斜与纬弧大于2%,加工辅料时就要手工整纬。而大于3%的纬斜和纬弧,应该将面料退回面料厂重新整纬定型。

六、缩水率

缩水率是指面料水洗前后尺寸的变化情况,缩水率主要取决于纤维的特性、织物的组织结构、织物的厚度、织物的后整理和缩水的方法等,经纱方向的缩水率通常比纬纱方向的缩水率大。

缩水率测试方式为：在距布匹的头部或尾部 2cm 以上处，取大约 50cm 长的布料，测量长度和宽度，做好记号和尺寸记录；将面料浸入清水，用手揉搓，使面料完全浸透，浸泡 15 分钟后取出；压去水分（不能拧、绞）、捋平、晾干，测量出长度和宽度；根据下列公式计算出缩水率。

缩水率 =（试验前实测距离 − 试验后实测距离）/ 试验前的实测距离 × 100%

各种纤维的吸湿性不一样，吸湿性大的纤维，缩水率就大，反之缩水率就小。一般全棉和弹力面料水洗前后尺寸变化较大；天然纤维如棉、毛、丝、麻的吸湿性相对较大，故缩水率也大；而涤纶、丙纶等化学纤维吸湿性较小，故缩水率也较小；织物结构的紧密、稀松度也会影响其缩水程度，稀松结构的衣料，一般较紧密结构的缩水率大。另外，面料的品种日新月异，即使是相同的面料，因印染整理工艺不同，缩水率也不同（图 2 − 46）。下面表 2 − 2 给出了各类织物的缩水率，仅供参考。

图 2 − 46　缩水率测试

表 2 − 2　各类织物的缩水率参考表

品名			缩水率（%）	
			经向	纬向
印染棉布	丝光布	平布、斜纹、哔叽、贡呢	3.5 ~ 4	3 ~ 3.5
		府绸	4.5	2
		纱（线）卡其、纱（线）华达呢	5 ~ 5.5	2
	本光布	平布、纱卡其、纱斜纹、纱华达呢	6 ~ 6.5	2
	防缩整理的各类印染布		1 ~ 2	1 ~ 2

续表

品名			缩水率（%）	
			经向	纬向
色织棉布		男女线呢	8	8
		条格府绸	5	2
		被单布	9	5
		劳动布（预缩）	5	5
呢绒	精纺呢绒	纯毛或含毛量在70%以上	3.5	3
		一般织品	4	3.5
	粗纺呢绒	呢面或紧密的露纹织物	3.5~4	3.5~4
		绒面织物	4.5~5	4.5~5
		组织结构比较稀松的织物	5以上	5以上
丝绸		桑蚕丝织物（真丝）	5	2
		桑蚕丝织物与其他纤维交织物	5	3
		绉丝织品和绞纱织物	10	8
化纤织品		粘胶纤维织物	10	8
		涤棉混纺织品	1~1.5	1
		精纺化纤织物	2~4.5	1.5~4
		化纤仿丝绸织物	2~8	2~3

七、熨烫性能

大多数服装要经过整烫，面料（特别是合成纤维纯纺及其混纺织物）在受热以后会产生收缩，这样给服装尺寸的掌握带来了一定的困难。有时也会形成皱痕（例如，当面料和衬料的受热收缩率不一致时）等不良的外观。为了保证服装在整烫以后的尺寸和外观要求，有必要掌握其熨烫收缩率。

熨烫收缩率与缩水率类似，主要取决于纤维的特性、织物的密度、织物的后整理和熨烫的温度等，也是在大多数情况下，经纱方向的热缩率比纬纱方向的热缩率大。

测试时应该按该产品的最终整烫条件来选择。如果最终的整烫条件是一般的干烫，则可以测试干烫收缩率。如果最终的整烫条件是蒸汽熨烫，则可以测试汽蒸收缩率。不管测试哪一种烫缩率，都要注意以下几点。

①采样：采样时，都要在布匹的头部或尾部除去2m以上。取50cm长的布料，并记录好长度和宽度数据。

②熨烫：按大货的工艺执行。

③测试：待凉透后，测量试样的长度和宽度，然后计算该面料的收缩率。

熨烫收缩率 =（试样熨烫前标记间的距离 − 试样熨烫后标记间的距离）/试样熨烫前标记间的距离 × 100%

八、可缝性

面料是通过缝合状态来满足款式和人体的要求，在一定的缝合工艺条件下，可缝性就与面料的特点、缝线的特点有关。在面料一定的情况下，可以调整缝合工艺条件来满足缝合要求。通过可缝性的测试，可以事先了解缝合的强度和缝合的效果。可缝性的测试也是一种工艺试验。

很多可缝性指标的测试需要在实验室中进行，缝缩率的测试稍简单，并且缝缩率对保证成衣尺寸和线缝美观有着一定的意义。缝缩率是指面料在缝合后，在线迹周围产生的缝皱程度。

从面料上距布端1m、距布边10cm以上的部位裁取经纬纱向各不少于6块的试样。试样应平整，无疵点。每个试样不含有相同的经纬纱，试样尺寸为500mm×50mm。长度方向与接缝方向平行，在长度方向的两端分别做上记号，其尺寸为70mm、30mm。将两块相同方向的试样重叠，使试样在一定的缝制条件下，不用手送料，在试样中间缝一直线。然后计算缝缩率：

缝缩率 =（缝制前的长度 − 缝制后的长度）/缝制前的长度 × 100%

以6块组合试样的平均值表示经纬向的缝缩率。

九、染色牢度

染色牢度是针对染色、印花织物的质量提出的要求。因为染过色的织物在穿着和保管中会因光、汗、摩擦、洗涤、熨烫等原因发生褪色或变色现象，从而影响织物或服装的外观美感。染色状态变异的性质或程度可用染色牢度来表示。织物的染色牢度与纤维种类、纱线结构、织物组织、印染方法、染料种类及外界作用力大小有关。它可分为日晒牢度、水洗或皂洗牢度、摩擦牢度、汗渍牢度、熨烫牢度和升华牢度等。正常织物的染色牢度，一般要求达到3~4级才能符合穿着需要，详见附录二中的《国家纺织产品基本安全技术规范》。

1. 日晒牢度

日晒牢度是指有颜色的织物受日光作用变色的程度。其测试方法既可采用日光照晒也可采用日光机照晒，将照晒后的试样褪色程度与标准色样进行对比。日晒牢度分为8级，8级最好，1级最差。日晒牢度差的织物切忌在阳光下长时间暴晒，宜放在通风处阴干。

2. 洗涤牢度

水洗或皂洗牢度是指染色织物经过洗涤液洗涤后色泽变化的程度。通常采用灰色分级样卡作为评定标准，即依靠原样和试样褪色后的色差来进行评判。洗涤牢度分为 5 个等级，5 级最好，1 级最差。洗涤牢度差的织物宜干洗，如若进行湿洗，则需加倍注意洗涤条件，如洗涤温度不能过高、时间不能过长等。

3. 摩擦牢度

摩擦牢度是指染色织物经过摩擦后的掉色程度，可分为干态摩擦和湿态摩擦。摩擦牢度以白布沾色程度作为评价原则，共分 5 个等级，5 级最好，1 级最差。摩擦牢度差的织物使用寿命受到限制。

摩擦牢度的测试较为简单。干摩擦牢度是用干漂白布摩擦染色织物后，观察白布沾色情况。湿摩擦牢度是用含水 100% 的湿漂白布摩擦染色织物后，观察白布沾色情况。

试验方法是取 8cm×25cm 试样两块。一块作干摩擦牢度用，一块作湿摩擦牢度用。试验时将被测试样平铺在摩擦牢度试验仪的试样台上，压牢后另取 5cm×5cm 漂白平布固定于摩擦头上。漂白平布经纬方向与被测试样的经纬方向相交成 45°。然后把摩擦头放在试验布上来回摩擦 10 次，每次来回时间约 1s。然后按"染色牢度沾色样卡"评定等级。测定湿摩擦牢度时，摩擦头上的白布应含水 100%，评级待干燥后进行（图 2-47）。

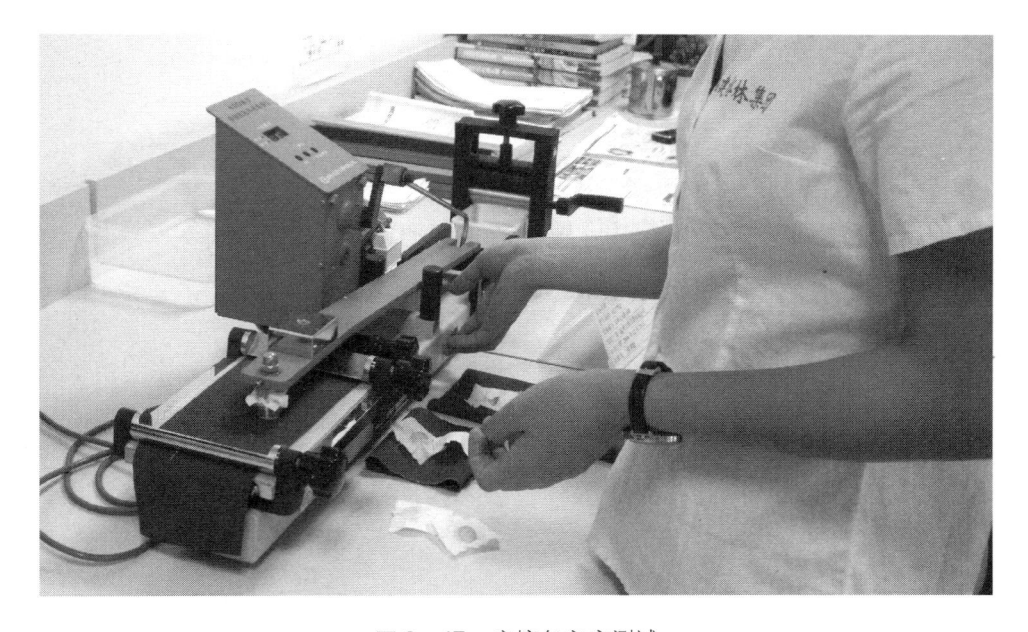

图 2-47　摩擦色牢度测试

4. 汗渍牢度

汗渍牢度是指染色织物沾浸汗液后的掉色程度。汗渍牢度由于人工配制的汗液成分不尽相同，因而一般除单独测定外，还与其他色牢度结合起来考核。汗渍牢度分为1~5级，5级最好，1级最差。

5. 熨烫牢度

熨烫色牢度是指染色织物在熨烫时出现的变色或褪色的程度。熨烫色牢度也称作耐热压色牢度。熨烫色牢度的实验室测试是在专门的加热装置上进行。温度为110℃、150℃和200℃三种，压力为4kPa。试样尺寸为40mm×100mm，贴衬织物尺寸与试样相同。

选择合适的熨烫温度。如干压，试样上不放贴衬织物，直接压烫；如潮压，试样上放湿的棉贴衬织物；如湿压，试样和棉贴衬织物都需浸湿。在加热平板作用下，保持15s后取出试样，用评定变色用灰色样卡评定试样的变色，用评定沾色用灰色样卡评定棉贴衬织物的沾色。

也可用电熨斗参考以上条件进行测试，熨斗的温度用表面温度计或感温纸测定。熨烫后需观察是否有烫黄等影响外观的变化。

熨烫牢度分为1~5级，5级最好，1级最差。测试不同织物的熨烫牢度时，应选择好试验用熨斗温度。

6. 升华牢度

升华牢度是指染色织物在存放中发生的升华现象的程度。升华牢度用灰色分级样卡评定织物经干热压烫处理后的变色、褪色和白布沾色程度，共分5级，5级最好，1级最差。

十、残留物和有害物质

生态纺织品要求检测的残留物及有害物质如下。

1. 禁用染料

禁用染料是指某些染料因在生产制造过程中的劳动保护问题而被禁止生产。比如《国家纺织产品基本安全技术规范》（GB 18401 – 2003）中规定了还原条件下染料中不允许分解出的芳香胺清单。第一类对人体有致癌性的芳香胺有4种，第二类对动物有致癌性，对人体可能有致癌性的芳香胺19种，如联苯胺、邻氨基偶甲苯、2 – 氨基 – 4 – 硝基甲苯等。

2. 有机氯载体

涤纶纤维在常温、常压下，采用的是载体法染色，这种方法所使用的有机氯载体均为有毒物质，所以各国都已禁止使用，这些被禁用的有机氯载体主要包括：一氯邻苯基苯酚、甲基二氯基苯氧基醋酸酯、二氯化苯、三氯化苯等。

3. 甲醛残留物

甲醛被广泛用作反应剂，其目的主要是提高助剂在织物上的耐久性。其使用的范围包括树脂整理剂、固色剂、防水剂、柔软剂、黏合剂等，涉及面非常广。由于这些助剂自身的游离甲醛释放，致使织物上含有的甲醛很难低于规定的极限值。甲醛本身似乎并不出现对细胞的诱变和畸变，但在蛋白质生物细胞中，已发现与甲醛反应的n—羟甲基化合物的代谢物呈现突变性。甲醛在面料中的测试值应不高于20mg/kg才算合格（图2-48）。

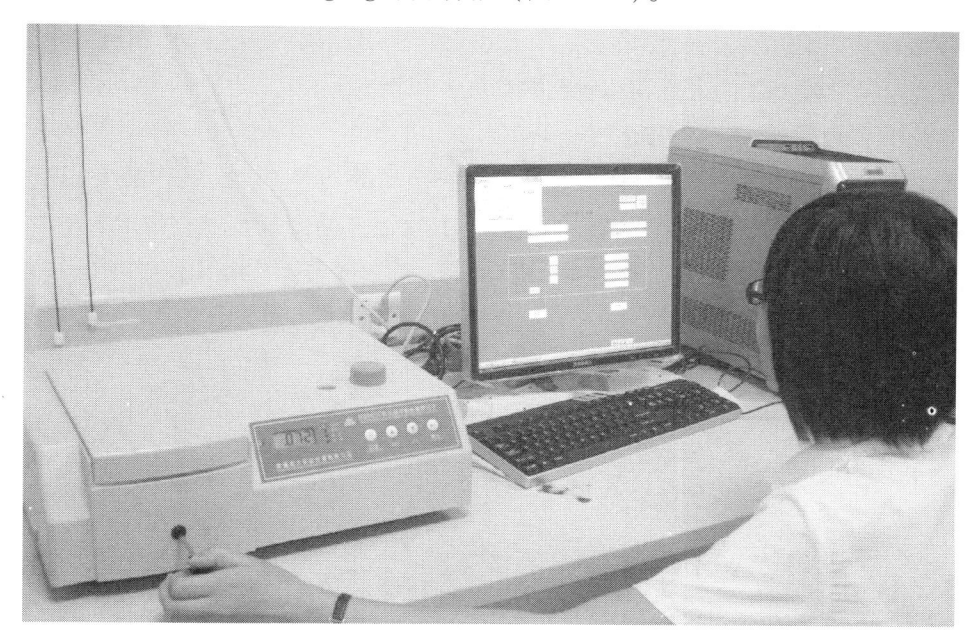

图2-48 甲醛测试

4. 防腐剂

防腐剂也称防霉剂，为便于纺织半成品（如坯布）、成品的贮存，在生产过程中（主要上浆过程）一般要加入适量防腐剂，纺织品上所用的防腐剂主要有五氯苯酚（pcp）和2-萘酚等。五氯苯酚是一种重要的防腐剂，在棉纤维浆料和羊毛的储存、运输时常用，它还用在印花浆中作增稠剂，在某些整理乳液中作分散剂等。五氯苯酚具有相当的生物毒性，而且往往残留在纺织品中，容易在人体内产生生物积累，危害人体健康。

5. 可溶性重金属残留物

纺织品存在的重金属来源于以下几个方面。

①天然纤维对土壤空气中重金属的吸收。

②使用金属络合染料。

③印染加工中的各类助剂中含有的重金属。

重金属一旦被人体过量吸收便会向肝、骨骼、肾及脑中积蓄，当积蓄达到一定程度时，对人体健康便造成巨大的伤害。这些重金属所涉及的种类较多，其中oko100（纺织品生态标准）便明确规定了9种，德国《日用危险品法》还首次将锑（sb）列入受限制的重金属之列。

6. 农药（杀虫剂）残留量

在棉麻纤维的生长过程中常使用某些杀虫剂，以抵抗害虫侵害，某些动物纤维往往会存有残留的农药，虽毒性强弱不一，但都易被皮肤接触吸收，尤其"六六六"被视为一种会诱发癌症的杀虫剂。oko100列出9种限量农药，并分别规定了其残留量的限量和总残留的浓度。

7. 织物酸碱度（pH值）

人类的皮肤表层一般呈弱酸性，以防止疾病的入侵。因此纺织品上pH值控制在中性及弱酸性时对皮肤最为有益。在纺织产品的基本安全技术要求中，A类、B类纺织品的pH值在4.0~7.5之间，C类纺织品的pH值在4.0~9.0之间（图2-49）。

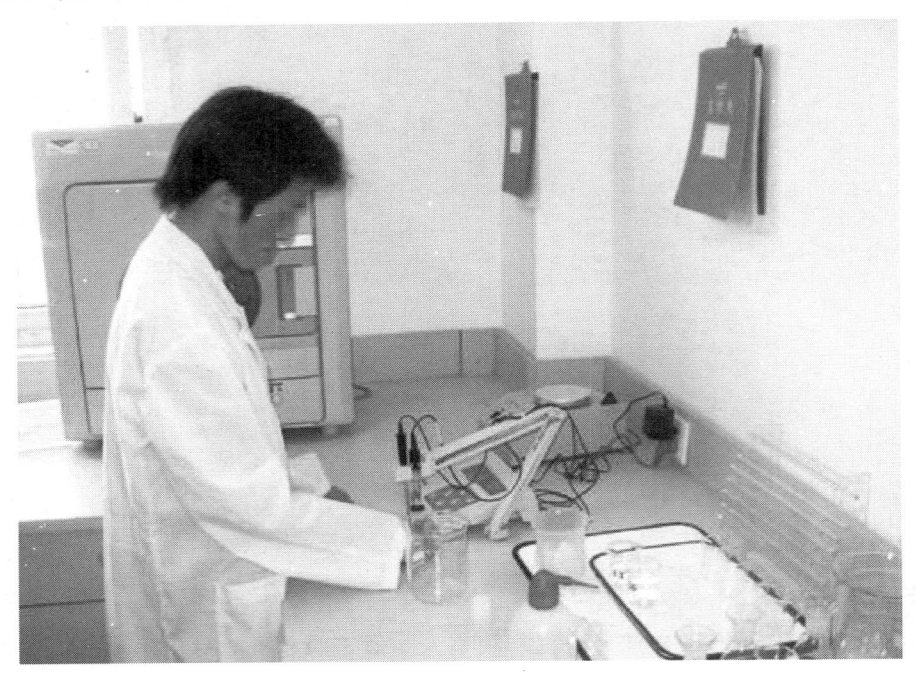

图2-49 pH值测试

8. 特殊气味（如霉味、恶臭味、鱼腥味或其他异味）

气味浓烈则表明有过量的化学药剂或有害成分残留在纺织品中，因而有危害健康的可能。因此，各种服装上特殊的气味仅仅允许有微量存在。

异味的判定采用嗅觉评判的方法,评判人员应是经过一定训练和考核的专业人员。样品开封后,立即进行该项目的检测,且试验应在洁净的无异常气味的环境中进行。操作者须戴手套,双手拿起试样靠近鼻腔,仔细嗅闻试样所带有的气味,如检测出有霉味、高沸呈石油味(如汽油、煤油味)、鱼腥味、芳香烃气味中的一种或几种,则判为"有异味",并记录异味类别。否则判为"无异味"。

应有3人独立评判,并以2人一致的结果为样品检测结果。

第五节 面料的疵病检验

面料总是有疵点的,而且疵点不像甲醛含量等要通过特殊仪器检测才知道是否符合要求。它比较容易被直接发现。面料厂的责任是把疵点的数量和程度降低到最少,以满足服装加工的要求。接收方通过检验,确认疵点的程度和数量是否在可接受的范围内。

一、常见的织物疵病

1. 由纱疵形成的面料疵点

①粗节纱(见书后彩页图2-50):在织物表面出现某一根纱线的某一段较粗,且直径数倍于正常纱线。连续的粗节纱称为竹节纱。

②偏细纱:在织物上面有一根或数根纱线的细度明显细于其他正常纱线。

③扭结纱:在织物上的纱线有扭结或弯曲的外观。

④毛纱:在织物上纤维突出端点或成茸毛状外观。

⑤亮丝:织物上某一断纱线的光泽明显亮于其他正常纱线光泽。

⑥结头:织物的表面呈明显纱线结头。

⑦污渍纱:织物上的纱线带有油污等其他污渍。

⑧大肚纱(见书后彩页图2-51):指一根纱的某段横截面粗于正常纱3倍以上,形成明显凸起。

⑨条干不均:由于采用了条干不匀的纱线,布面呈现分散性的纱线不均匀。

2. 经向疵点

①直条痕:织物的经向上有一根或几根纱线不同于临近的正常纱线,在布

面有明显的直条状外观。

②粗经：织物上的某根经纱粗于其他经纱。

③松经：布面上的某根经纱呈松弛或起皱的外观。

④紧经：某根经纱的捻度过大，使经纱的屈曲程度不正常。

⑤吊经：织物上一根或几根经纱的张力过大，致使这些经纱不能正常被拉紧。

⑥缺经（见书后彩页图2-52）：由于织造时断经而未及时处理，布面上通匹或一段内缺少一根或数根经纱。

⑦断疵：经纱的断头纱尾藏在布内。

⑧经缩：由于经纱张力不匀，布面出现块状或条状起伏不平或起皱的外观。

⑨双经：两根经纱并列或重叠，织物的组织被破坏。

⑩扣痕：在织物的幅宽方向呈现局部或全部经纱排列不匀的纹路。

⑪扣物：织物的相邻两根经纱之间有空隙。

⑫穿错：由于穿经错误而导致织物组织发生错误。

⑬错经：组织错误或其他错误使组织部分经纱与相邻的其他经纱明显不同。

⑭针路：由于卷布刺毛辊不良使织物的织向有密集的针痕。

⑮布辊皱：由于布辊不良形成的经向皱折。

3. 纬向疵点

①纬档：织物纬纱方向出现的横档，明显不同于正常织物的外观。

②稀密路：横档的一种，某一段密度过大，或某一段密度过小。

③粗纬：织物上的某根纬纱明显粗于其他正常纬纱。

④松纬：某根纬纱的张力高于相邻纬纱，呈松弛或起皱的外观。

⑤紧纬：某根纬纱的张力高于相邻纬纱，使其不正常被拉紧。

⑥断纬：纬纱断裂或断纱。

⑦纬缩：纬纱在布面扭转或起圈。

⑧双纬：两根纬纱并列或重叠，改变了织物的外观。

⑨缺纬：由于断纬未及时处理，致使纬向全幅缺少一根纬纱。

⑩亮纱：某根纬纱的光泽明显亮于其他正常纬纱。

⑪错纬：一根或部分纬纱明显不同于相邻纬纱，可能是组织错误或其他错误。

⑫拆痕：在织造时拆去原来纬纱重织时留下的痕迹。

⑬云织：织物上呈现短片段纬纱稀密不匀，似云雾状。

⑭百脚：由于织物组织错乱而在布面上产生锯齿状或线条状的纹路。

4. 边部疵点

①松边：布边在长度方向比布身松弛，边部呈波浪形状。

②紧边：布边在长度方向比布身紧缩，布边内凹。

③破边：布边上相邻两根或两根以上的经纱断裂。

④烂边：布边上多根纬纱断裂，布边凹凸不平整。

⑤荷叶边：布边缘呈现波浪状。

⑥卷边：织物的边部卷起成绳状。

⑦边撑疵：边部纱线被擦伤起毛或断裂，有小洞，织物变形。

⑧毛圈边：织物的纬纱呈圈状，并在布边外。

5. 整理疵点

①整修不良：修整时操作不当，织物的局部起毛、起皱或其他不良外观。

②织补痕（见书后彩页图 2-53）：疵点经过织补后留下的明显痕迹。

③洗迹：清洗织物的斑痕留下的痕迹。

④毛毯痕：织物上呈现毛毯组织的纹路或其他压痕。

⑤失光：面料失去了应有的光泽。

⑥擦伤痕：在染整加工中，织物受挤压擦伤而留下的痕迹。

⑦起毛：在整理过程中，织物受到摩擦表面起毛。

⑧压痕：由于整理过程中的压力不匀，织物的某一部位比其他正常部位较亮或较薄。

⑨绳状擦伤痕：由于绳状处理不当，织物上呈现纵向长条痕迹。

⑩分条痕：织物呈现规律性间隔的经向条痕。

⑪针孔：靠近布边处有针孔。

⑫深针痕：针痕的位置进入布身，减少了有效门幅。

⑬布铗痕：在靠近布边处有擦伤发亮、异色的痕迹。

⑭鸡爪印：织物表面有不同程度似鸡爪的皱纹。

⑮纬斜：纬纱倾斜或弯曲。

6. 染色疵点

①渗色：染色时染料渗至周围部分。

②折皱色条：染整时织物有折叠，结果在折叠处产生了颜色不匀和经向条纹。

③染料迹（见书后彩页图 2-54）：由于过浓染剂或助剂的作用，使匹染织物的局部颜色呈现与临近部位有差异的分散色块痕迹。

④晕疵：染色织物上某些部位呈现较浅的颜色。

⑤水渍：织物有水印痕迹。

⑥色斑（见书后彩页图 2 - 55）：纤维之间的吸色有差异，使染色织物局部有颜色斑点。

⑦经向条花：染色织物经向呈不规则的条状轻微色差。

⑧夹花：由于纤维的吸色差异，织物上形成色泽差异。

⑨前后色差：一匹织物的前后两端颜色有差异。

⑩布边色差：布身和布边的颜色有差异。

⑪左右色差：沿织物的幅宽方向一边与另一边的颜色有差异。

⑫经向条痕：由于织入了一根或多根其他性质的纤维或纱线，吸色不同，染色织物表面出现单根或多根异色、错色。

⑬雨状条影：由于经纱的条干不匀，在染色后经向呈现雨丝条痕。

7. 印花疵点

①脱浆：印花织物上部分花纹缺色。

②拖浆：色浆沾在印花织物花型以外部分。

③刮刀条花：印花织物表面有多余色浆或形成经向条纹。

④色档：织物上有深浅不一的色档。

⑤对花不准：印花织物上的花纹相对位置彼此不准确。

⑥渗化：前后套色浆不准确或相邻两种颜色在分界处渗化，致使印花织物部分图案模糊，或呈现第三种颜色。

⑦未上色折痕：印花织物呈现未上色的狭长条。

⑧衬布印：有颜色深浅的印痕。

8. 一般性疵点

①跳纱或跳花：经纬纱不按组织规律交织，呈现出不规则的浮纱。1～2根经（纬）纱跳过 4 根及以上纬（经）纱，称为跳纱，经纬各 3 根形成的浮纱称为跳花。

②蛛网：经纬各 3 根及以上不按组织规律交织而形成块状。

③星跳：1 根经（纬）不按组织规律，跳过 2～4 根纬（经）纱，交织成星点状。

④纬移：纬纱呈现不规则偏移。

⑤勾丝：纱线或纤维被异物勾出，呈圈状或头端暴露于织物表面。

⑥轧梭痕：梭子轧在扣与织物之间，织物组织遭到破坏而产生的痕迹。

⑦起球：纤维端突出在织物表面纠缠成球状。

⑧异纤维织入（见书后彩页图 2 - 56）：不同性质的纤维在纺纱或织造时混入，染色后会在异物上形成异色。

⑨破洞（见书后彩页图2-57）：经纬纱断裂形成的孔洞。
⑩污迹：织物沾有油尘或其他杂物。
⑪起绒不匀：起绒织物某些部位起绒过度，或某些部位起绒不足，致使绒面不匀整。
⑫倒绒：起绒织物局部的绒毛倒斜。
⑬绒不齐：起绒织物绒面上有长绒毛突出，长短不一致。
⑭刀毛：割绒时刀刃不利，绒面上部分绒毛斜乱松散。
⑮皱档：由于织物的纬向起皱，拉绒时未拉倒，形成不起绒的横档。
⑯局部绒密不匀：织物某些部位的纬密或大或小，致使出现不规则的横档。
⑰裙子皱：织物纬向有裙裥折皱。
⑱死折痕：不能除去的整理折痕。

二、织物质量等级

长期以来，关于疵点的程度和数量可接受的范围常常是面料厂和服装厂之间矛盾的焦点。面料厂一般按国家标准中的疵点评分规定进行检验评级，但也有一些面料厂没有按照国家标准去做。服装厂由于不熟悉这方面的国家标准，常常处于被动状态，但面料疵点确实影响着服装的可加工性和品质。

执行目前的国家标准需要检验者有丰富的经验或经过专门的培训。由于检验者目光不同，检验的结果也不同，这对客户和接收方都不够公平。所以，在客检中已经很少采用国家标准进行检验。

1. 4分制扣分标准

在国际贸易中，美国"4分制"检验方法被广泛采用，它是纺织、成衣、贸易都能接受的标准，是一种实用性和可操作性强的检验方法。

4分制是将目测到的疵点进行量度。并按表2-3所示的规定进行扣分。

表2-3　4分制扣分标准

疵点尺寸	扣分标准
<3英寸	1
≥3英寸，<6英寸	2
≥6英寸，<9英寸	3
≥9英寸	4

在应用4分制进行检验时应注意以下几点。
①疵点扣分以看得见为原则，不易觉察的不予扣分。

②一码内的疵点扣分不超过4分，超过必须开剪或降为等外品。

③挂有假开剪的，也同样按以上标准扣分。

④任何大于针孔的洞，或断纱的破洞均扣4分。

⑤布边一英寸内不扣分。

⑥除特殊规定（如涂层、上胶布）通常只需检验布正面。

2. 100平方码疵点评分

有些公司以每100码扣分作为评定该批面料是否可以接受的标准。但是每100码扣分是一个绝对值，对于不同幅宽、不同匹长的面料缺乏比较意义。为了能直观地说明某批面料的品质状况，可用100平方码的疵点评分予以表示。

首先将被检布匹的疵点扣分记录下来，然后按下列公式计算一匹（卷）布的每100平方码的疵点评分（K）：

①机织物

$$K = (疵点扣分累计 \times 36)/[抽检码数 \times 幅宽(英寸)] \times 100$$

②针织物

$$K = 疵点扣分累计 \times 面料克重(g/码^2)/被检布匹的重量(g) \times 100$$

3. K值的确定

100平方码的疵点评分直观地反映了该匹布的疵点情况，例如计算的结果为20分/100平方码，这就表示每平方码有0.2分的疵点，应该说这是可以接受的。

问题是如何来确定合理的K值？

考虑到疵点常常与该品种的生产难度有关，即生产难度越大的品种，疵点产生的可能性越大，盲目地追求高品质并不现实。故在确定K值时，要考虑到品种的特点。如牛津纺、青年布的K值可稍高于普通织物。

K值也与客户的要求有关，如果客户对面料的品质要求高，K值就应稍低。

K值与面料的价值有关，高价值的面料，其K值理应稍低。

K值应该是供需双方对品质的共识。

在一般的情况下对于常规面料，K值可取不大于25。对生产难度大的品种，K值可取25~30。

4. K值的意义

K值在服装贸易中代表着品质的高低。在服装生产中，还有着指导生产的意义。

①K值<10。说明该面料的品质情况良好，在服装加工中可以使用。

②K值>10，<20。说明该面料品质情况较好，在裁剪辅料时稍注意一下

疵点即可。

③K值>20，<25。说明面料的品质可以接受。在裁剪辅料时，要注意发现疵点，对疵点做必要的记号或剔除。

④K值>25，<35。根据品种及客户要求，该面料也许可以接受。但在服装加工时要特别注意降低对成衣品质的影响。例如，除了在裁剪辅料时对疵点做记号并剔除外，也许还需要100%检验裁片。

⑤K值>35，该面料不予接受。

思考与练习：

1. 面料品质规划有哪些内容？
2. 简述面料检验的步骤和方法。
3. 面料检验的项目有哪些？
4. 面料常见的疵病有哪些？
5. 面料染色牢度的检测有哪些？
6. 生态纺织品有哪些残留物和有害物质？

第三章　辅料品质管理

- 第一节　辅料品质管理规划
- 第二节　里料的品质管理
- 第三节　黏合衬的品质管理
- 第四节　拉链的品质管理
- 第五节　纽扣和其他扣件的品质管理
- 第六节　标类、线带类和填料的品质管理

> **学习目标**：1. 了解辅料品质管理的规划内容；
> 　　　　　　2. 了解里料、黏合衬、拉链、纽扣及其他辅料的品种及特点；
> 　　　　　　3. 熟悉里料、黏合衬、拉链、纽扣及其他辅料的品质管理内容。
> **学习重点**：里料、黏合衬等辅料的检验内容。
> **学习难点**：辅料的检验项目与国家安全标准的结合。

第一节　辅料品质管理规划

一、辅料品质管理的原则

1. 即时检查

辅料进厂后跟面料一样也讲究立即检查。"即时"检查辅料的品质和数量，使错误及早得到纠正，因为重新订购辅料也是需要时间的。

2. 客供辅料需检验

即使辅料是客户提供的，也要按照辅料品质管理的内容进行管理并检验。不合格的辅料不使用，是品质管理的基本原则。

二、辅料品质管理的内容

1. 辅料进厂后的检查内容

辅料进厂后立即检查规格、型号和外观质量，并与资料或确认的样品核对。

①辅料的品名、规格、型号正确无误。

②辅料的颜色正确无误。

③辅料的外观质量正确无误。

2. 辅料的性能测试

①里料：与面料测试项目类似，如色牢度、缩水率等。

②黏合衬：测试黏合牢度和尺寸稳定性等。

③填充料：测试重量、厚度等，羽绒还需要测试含绒量、蓬松度、阻燃性等。

④纽扣类：普通纽扣需要测试色牢度、耐热度，金属纽扣需要测试抗腐蚀性、镍含量等（图3-1）。

⑤拉链：需要测试手拉强度、折拉强度等。

⑥线带类：带类辅料需要测试染色牢度、缩水率等，缝纫线需要测试强度等。

⑦其他：有些辅料还需要测试检针性能，以防止成品不能通过最后的检针。

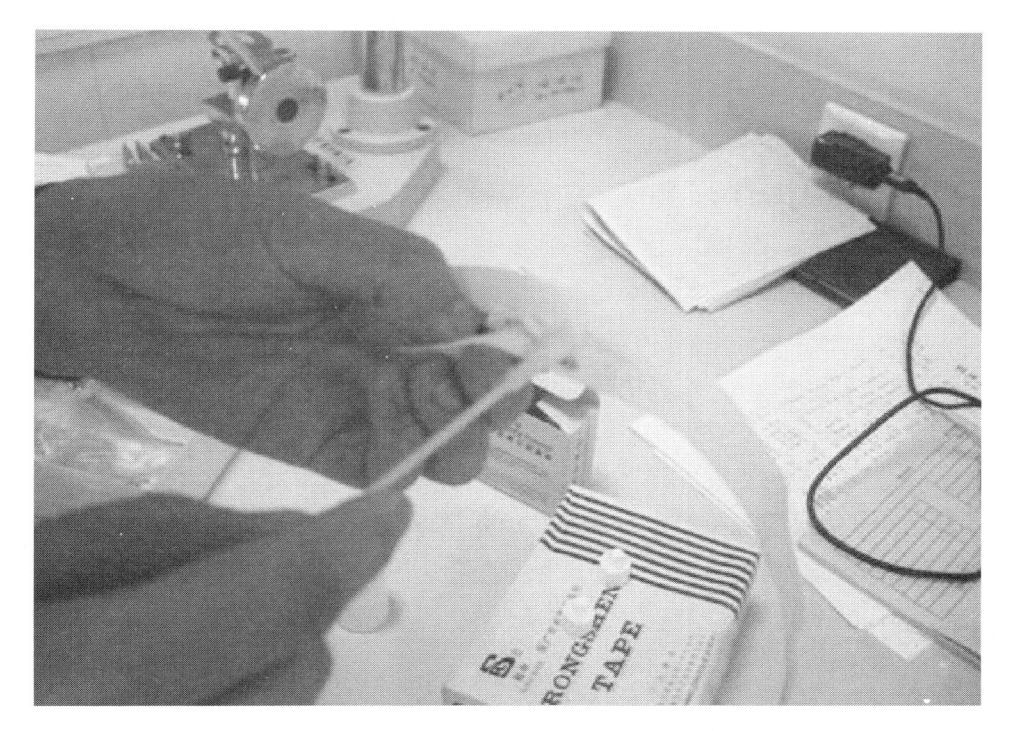

图 3-1 含镍测试

3. 辅料的数量检查

清点辅料的数量,并与生产所需要的数量核对。如果辅料的种类涉及颜色和尺码,则需要按照颜色、尺码分类清点,以满足生产需求。

4. 辅料的产前实验

如黏合衬的产前黏合试验、扣件的拉力试验等。

5. 制作辅料样品卡

将所有的辅料样品制成样卡(见书后彩页图 3-2~图 3-4)。

6. 确认辅料品质

确认质量检验报告和材料测试报告的数据在可接受的范围内,坚持不合格的辅料不使用的原则(见书后彩页图 3-5~图 3-8)。

第二节 里料的品质管理

服装里料是服装最里层的材料,通常称里子或夹里,是为了补充单用面料不能获得服装的完备功能而加设的辅助材料。一般用于中高档的呢绒服装、有填充料的服装、面料需要加强支撑的服装和一些比较精致的高级服装。

一、里料的分类

服装里料品种繁多，但按照其纤维原料归类，大致可分为以下三类。

1. 天然纤维里料

以天然纤维原料纯纺制成，常见的有纯棉里料和真丝里料。

纯棉里料：纯棉里料既有机织物也有针织物，多经磨毛整理，如棉府绸、汗布等。该里料吸湿、透气性好，对皮肤无刺激性，穿着舒适，不脱散，花色较多，且价格较低。在休闲类服装、童装和婴幼儿服装中常用。不足之处是不够光滑，穿脱不够方便。

真丝里料：真丝里料属高档品，如真丝电力纺、真丝斜纹绸。柔软、光滑、色泽艳丽，吸湿、透气性好，对皮肤无刺激性，不易产生静电，常用于裘皮服装、皮革服装、纯毛服装、真丝服装等。由于真丝里料轻薄、光滑，对加工工艺要求较高。

2. 化学纤维里料

以人造纤维或合成纤维为原料纺制而成。

以涤纶、锦纶等合成纤维长丝织成的轻薄织物品种，如涤纶绸、尼龙绸等。是当前国内外普遍采用的里料，以素色为主，也有一些小提花或印花产品。特点是光滑，利于穿脱服装，但存在易产生静电，吸湿、透气性差等缺点。

以黏胶、醋酸纤维等人造纤维短纤纱或长丝织成的织物，价格低廉，也是常用的里料品种，如人造棉布、富纤布、人造丝软缎、美丽绸等属此类。该里料柔软光滑，特别是长丝织物，光泽富丽，很受欢迎。缺点是缩水率大，湿强力很低，所以加工时要充分考虑缩水因素，且不宜用于常洗的服装。

3. 混纺、交织里料

以不同纤维混纺制成或用不同纤维纱线交织而成。

以黏胶或醋酯人造丝为经纱，黏胶短纤纱或棉纱为纬纱交织而成的羽纱，是西装、大衣、夹克等服装的传统里料之一。与美丽绸相比较，羽纱较结实耐用，但不如美丽绸光滑。

涤棉混纺里料，结合天然纤维与化学纤维的优点，吸水性较好、坚牢，价格适中，适合各种洗涤方法。

醋酯纤维与黏胶纤维混纺里料，光滑、质轻，适用于各种服装。缺点是缩水率大，裁口易脱散。

二、里料的选用

1. 里料与面料的匹配

在选配服装里料时,应充分考虑到面料的性能、色彩、价格等因素,使服装里料与面料相匹配。

①里料与面料性能匹配:服装的里料与面料在穿着使用、洗涤维护等会面临同样的条件,所以里料的缩水率、耐洗涤性、强力、耐热性能等应与面料相似。

②里料与面料色彩匹配:应保证服装里料与面料的色彩协调、美观。一般服装的里料与面料色调相同或相近,且里料颜色不能深于面料,以防面料沾色。有时里料与面料互为对比色会产生特别效果。

③里料与面料价格相当:从经济与实用等多角度综合考虑,里料与面料在价格方面也应相当,即高档面料用高档里料,低档面料用廉价里料。

2. 里料的性能要求

①悬垂性:里料应柔软、悬垂性好。假如里料过硬,则与面料不贴合。

②抗静电性:里料应具有较好的抗静电性,否则穿着时会贴身、缠体,引起不适,且会使服装走形,在某些特定环境下还有可能引起火灾,或对环境产生干扰。

③洗涤和熨烫收缩:里料的洗涤和熨烫收缩率应当小,尺寸要稳定。较大的收缩率会给服装的加工及使用带来麻烦。

④防脱散性:有些织物会在裁边时产生脱散,或在缝合处产生脱线(或称"拔丝"),给加工和使用带来麻烦,所以应选用不易脱散、脱线的织物做里料。

⑤光滑程度:里料要使服装穿脱方便,则需要较小摩擦,但过于光滑的里料,服装加工中会有困难,因而应适当。

⑥耐磨性:服装穿着时,某些部位经常受到平面磨损或屈面磨损,这种情况要求里料具备较好的耐磨性。

三、品质检验项目

1. 品质检验前

先确认里料种类、生产色号,在指定光源下核对颜色,检查边中色。

2. 测量门幅、重量、密度

①门幅:不管是要求测最大幅宽还是有效幅宽,都利用标准尺对里料进行测量。

②重量:用标准切割器取里料样,并用高精度电子秤测量每平方米克重(g/m^2)。

③密度:用标准密度仪测量大货里料样经、纬纱的每英寸密度(图3-9)。

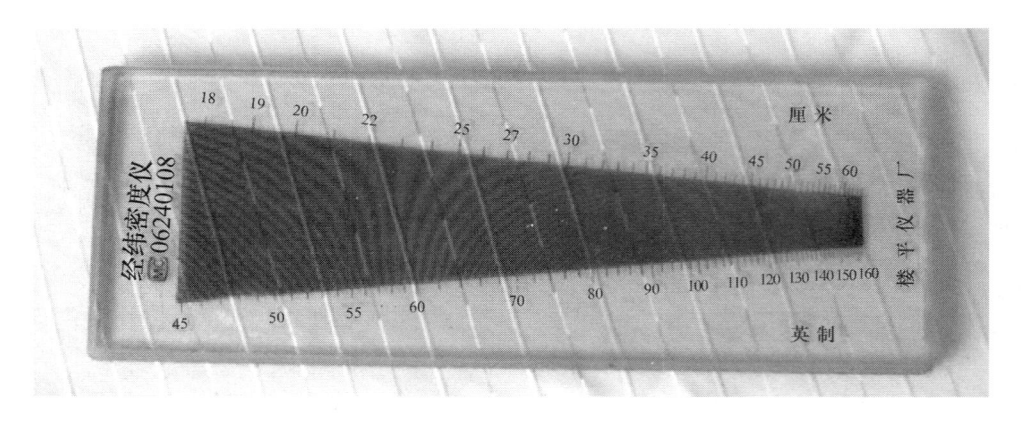

图3-9　密度仪

3. 缩水率

①蒸汽测试：先用米尺在经纱及纬纱边上画上1/2m直线，用蒸汽熨斗反复轻烫后再计算缩水率。

②水洗测试：先用米尺分别在测试里料样品上的经纱及纬纱方向画上1/2m直线，再放蒸馏水中浸泡20分钟，然后再计算缩水率。

4. 色牢度

与面料一样，要检测好摩擦色牢度、洗涤色牢度、熨烫色牢度、汗渍色牢度、日晒色牢度等，色牢度在安全使用范围内方为合格品。

5. 外观品质

局部性疵点有以下几点。

①凡属局部性疵点，按实际匹长计算，每6m内允许有一处，不足6m的按6m计。

②疵点在规定的范围内，色差4~5级以上，无大的色花、档子，用率损耗在正常值3%范围内为A级品。

③普通疵点个数超标在2倍以内，轻微色花，节色在4~5级，轻度边松边紧；亏尺在0.5%以内，用率损耗小于5%、大于3%为B级品。

对于连续性疵点及散布性疵点较严重的，应根据实际情况退货或降级使用，降级使用的里料超出用率的部分需供应商无偿补供。

第三节　黏合衬的品质管理

黏合衬是一种非常重要的服装辅料，它是在机织、针织或无纺布上均匀地撒上黏合剂胶粒（或粉末），通过加热（热融黏合）后与服装相应的部位结合在一起，从而达到一定的造型效果。黏合衬在服装加工中的应用较为普遍，其作用在于简化缝制工序，使服装品质均一，防止变形和起皱，并对服装造型起到一定的作用。黏合衬的使用要根据服装面料和部位进行选择，并要准确掌握胶着的时间、温度和压力，这样才能达到较好的效果。

一、黏合衬的种类

1. 按基布的种类可以分为：

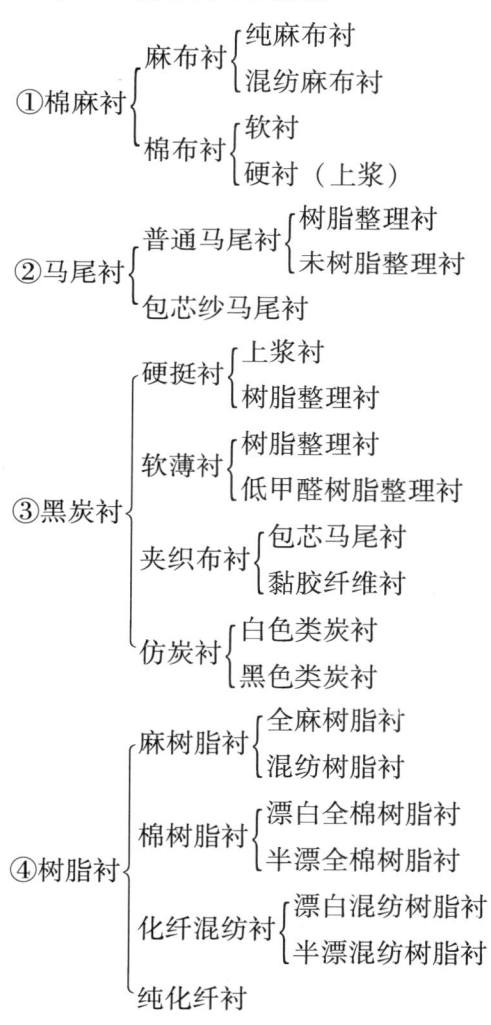

① 棉麻衬
- 麻布衬
  - 纯麻布衬
  - 混纺麻布衬
- 棉布衬
  - 软衬
  - 硬衬（上浆）

② 马尾衬
- 普通马尾衬
  - 树脂整理衬
  - 未树脂整理衬
- 包芯纱马尾衬

③ 黑炭衬
- 硬挺衬
  - 上浆衬
  - 树脂整理衬
- 软薄衬
  - 树脂整理衬
  - 低甲醛树脂整理衬
- 夹织布衬
  - 包芯马尾衬
  - 黏胶纤维衬
- 仿炭衬
  - 白色类炭衬
  - 黑色类炭衬

④ 树脂衬
- 麻树脂衬
  - 全麻树脂衬
  - 混纺树脂衬
- 棉树脂衬
  - 漂白全棉树脂衬
  - 半漂全棉树脂衬
- 化纤混纺衬
  - 漂白混纺树脂衬
  - 半漂混纺树脂衬
- 纯化纤衬

2. 按衬料的加工方式可以分为：

① 腰衬
- 裁剪型衬
  - 树脂型
  - 黏合型
- 防滑编制衬

②领带衬 { 毛型类 / 化纤类

③非织造衬 { 一般非织造衬 / 水溶性非织造衬

二、黏合衬的品质要求

1. 剥离强力

剥离强力是指黏合衬与被黏合的面料剥离时所需要的力,单位为 N/(5cm×10cm)。剥离强力是考核黏合衬牢度的重要指标,影响剥离强力的因素很多。在服装加工中的关键首先是正确选择黏合衬的类型,使其与面料有良好的匹配性能,其次要正确选择压烫条件、压烫设备和压烫方式。

2. 尺寸稳定性

尺寸稳定性是指衬布在使用过程中的尺寸变化性能,一般收缩的较多,过多的收缩会影响服装的外观,如起皱、起泡等。黏合衬的收缩一般表现为以下几种。

①干热尺寸收缩:指黏合衬在压烫过程中的收缩。

②水洗尺寸收缩:即缩水率,是在水洗过程中产生的收缩。由于大多数面料都经过缩水整理,一般的缩水率都要求小于3%。为了与面料有良好的匹配,对衬布有相应的防缩要求,衬布的缩水率也必须符合面料的实际缩水率。

③黏合洗涤后的收缩:衬布与面料黏合后再经水洗的收缩。

对①和②的收缩,是指黏合衬自身的尺寸变化率,需要在黏合前进行测试和控制,而③是指黏合衬与面料黏合后的尺寸变化率。

3. 耐洗性

黏合衬的耐洗性包括耐化学干洗性能和耐水洗性能。耐洗性以黏合织物洗涤后剥离强力的下降率来表示。较直观的方法是以洗涤后有无脱胶、起泡的现象来鉴别,通常规定洗涤五次以上不起泡。采用"评定黏合衬布耐洗外观样照"对照洗涤后的外观,定量的评定黏合衬布的耐洗性能,一般要求不低于4级。耐洗试验的洗涤方式按最终使用要求或洗标说明确定(表3-1)。

表3-1 黏合衬耐洗性能级别划分

级别	级别标准
1	严重起泡
2	局部起泡
3	不平整起皱
4	轻微起皱不起泡
5	表面平整无皱无泡

4. 其他要求

对某些用途，也许会有手感要求，或者会有白度和颜色要求。某些产品输入国还会要求测试游离甲醛含量等。

三、黏合衬的产前试验

1. 黏合试验

影响黏合牢度的重要因素是温度、压力和时间，而这三者又与衬布的热熔胶类型有关。黏合试验所用的黏合机应与大货生产的黏合机型号相同。为了保证压烫试验的结果可靠，黏合后的裁片不能立即捆绑，应该放平冷却，冷却时间不少于 2 小时。在黏合试验后，对试样进行测试，测试的项目有以下几点。

①黏合后的黏合牢度。
②黏合后的尺寸变化率。
③黏合后面料外观变化和手感评定。

2. 黏合后的蒸汽熨烫试验

面料外观及其尺寸的变化，不但会在黏合过程中发生，也会在蒸汽熨烫过程中发生。蒸汽熨烫后测试的项目有以下几点。

①蒸汽熨烫后尺寸变化率。
②蒸汽熨烫后的外观变化。

3. 黏合后的耐洗试验

耐洗试验的条件尽可能与实际使用条件一致。如果试样较小，则在水洗或干洗时可以加其他成衣以增加摩擦，使其与实际应用条件更相似。总之耐洗试验的条件不得低于实际使用的条件。

耐洗试验后，还需要以下项目检测。

①洗涤后的黏合牢度。
②洗涤后的外观变化。
③干洗或水洗后的尺寸变化率。

四、黏合衬的选用

在选用黏合衬时，压烫黏合牢度以及各种处理后的黏合牢度是首先考虑的因素，但耐用性与手感也是相当重要的。为了取得最好的效果，在服装的设计过程和制作确认样的时候就应该考虑。在选用黏合衬时，应优先考虑的因素为以下几方面。

1. 热溶胶类型的选择

衬布的黏合性能与热溶胶的类型有很大关系。

①聚酰胺热溶胶（PA）：耐干洗，耐40℃水洗，黏合性较好，适合西服或外衣用衬。

②聚酯热溶胶（PEC）：耐干洗，耐60℃水洗，对聚酯纤维有较好的黏合性，适合涤纶纯纺织物的用衬。

③乙烯醋酸乙烯酯热溶胶（EVA）：不耐干洗，耐40℃水洗，在较低温度下有良好的黏合效果。

④聚乙烯热溶胶（PE）：分低密度（LDPE）和高密度（HDPE）两种。低密度聚乙烯不耐水洗也不耐干洗，在低温下能压烫黏合，一般仅作暂时性黏合。高密度聚乙烯耐干洗，耐95℃水洗，压烫条件要求较高，适合男衬衫和成衣水洗、干洗用衬。

⑤聚氯乙烯热溶胶（PVC）：耐水洗也耐干洗，但容易出现渗胶，常用于厚重面料和针织面料。

2. 面料类型

为了获得合适的黏合牢度和优良的外观，衬布的选择必须考虑到面料的类型以及匹配效果。

①面料的组织结构：为防止产生渗胶和色差，对真丝绸类薄型面料，应选择细小颗粒的黏合剂。对有色面料最好采用有色胶粒衬布，以避免反光或闪光产生的色差。对弹性面料，应选择与面料相似弹性的黏合剂。对光滑面料，应选择胶粒细小而黏合力强的黏合剂，因为胶粒过大可能会产生渗胶。对厚重面料，应选择胶粒较大的黏合剂，使胶粒渗入面料而达到较好的黏合牢度。对双绉、泡泡纱等凹凸纹面料，为使其表面效果被黏合的压力破坏，应选用低压力黏合衬布。对丝绒、平绒、灯芯绒等起绒织物，为防止绒毛被压力破坏，也应选用低压力黏合衬布。对于不同的材料，所需的黏合牢度也不同，如羊毛纯纺或混纺织物的黏合牢度要求大于其他材料的面料。

②面料的热学性能：对真丝类面料，因为不耐高温，应选择低热熔点的黏合衬布；对合成纤维面料，为防止其产生热收缩，黏合衬的压烫温度必须小于面料定型温度。

③面料的尺寸稳定性：应选择与面料的伸长或收缩类似的黏合衬。

④服装的类型和用途：从耐洗性考虑，如童装、衬衣应该有良好的耐水洗性。

⑤用衬部位：对大衣、西装等服装的前身部位以及服装的主要部位，应该具有良好的保型性，并且由于黏合面积较大，需要良好的黏合牢度。对领子、

袖口、袋盖等小部位的黏合，黏合牢度可稍低，但手感、耐洗性能要与前身一致。

五、黏合质量的检验

黏合质量的检验包括三方面：一是洗涤前后的黏合牢度；二是洗涤前后的外观；三是尺寸的变化。对大货生产的检验也应像产前试样一样，按照服装的洗涤标准进行洗涤并测试。

黏合后的织物在进行剥离破坏试验时，有四种破坏类型。

1. 织物破坏

在进行剥离试验时，首先是织物被破坏，这通常是织物强力较低。

2. 热溶胶内聚破坏

在剥离试验时，破坏在胶粒处发生。观察黏合衬和织物的黏合面上残存有较完整、且分布均匀的胶印，这是一种正常的理想的破坏方式，也说明黏合质量合格。

3. 剥离破坏

在剥离试验时，面料上没有残存热溶胶，或只有少量的热溶胶粘在面料上。这说明热溶胶未能很好地渗入并黏接在面料上，这是黏合牢度差的典型表现。

4. 混合破坏

在剥离试验时，面料上残存一些热溶胶，但有的部位没有残存热溶胶，这是黏合不均匀的表现，常常与压烫条件有关。黏合不均匀可能会导致黏合牢度偏低。

通过对黏合破坏情况的分析，从而来检验判断黏合质量。

六、黏合质量常见疵病及改善措施

1. 衣片手感不良

黏合后，衣片变硬且粗糙。产生原因以及改善的措施如下。

①黏合温度过高，黏合时间过长。可以适当降低黏合温度，减少黏合时间，增加黏合压力。

②衬布品质不良所产生，可能是涂胶量过大或是衬布的底布粗糙，表面不光滑。可以更换衬布，如选择底布品质好，涂胶量少的衬布类型。

2. 衣片色泽不良

黏合后，衣片表面有变色、云纹、极光。其产生原因以及改善的措施如下。

①面料受热而变色或产生其他的表面变化。可以通过调整黏合温度或放置一段时间使色泽恢复。

②在高温、高压作用下，起绒、起毛类的面料其外观不能恢复原状。可以改用黏合条件要求较低的衬布或在面料上再覆盖一层同样的面料进行黏合。

③由于衬布与面料的组织密度相近，黏合后的面料表面出现纹路。可以改用底布密度较小的衬布或无纺衬布，衬布也可斜裁。

3. 黏合衬有印痕

在衣片正面，黏与不黏的分界线有衬印痕，产生的原因及改善的措施如下。

①由于面料较薄、衬布较厚产生。可以改用薄型衬布。

②采用与面料颜色相近的色衬。

③黏合与不黏合部分缩率不同，在分界线上出现皱痕。可以将面料进行预黏合使其预收缩。

4. 衣片正面渗胶

黏合后，在衣片正面有渗胶现象，产生的原因及改善的措施如下。

①黏合时压力过大，温度过高产生。可以减小压力和降低温度。

②黏合衬选用不当，如黏合衬的胶粒过大、涂胶量过多。可以改用薄型的黏合衬或者选择涂胶量小的细粒黏合衬。

5. 衣片正面起泡

黏合后，在衣片正面起泡，产生的原因及改善的措施如下。

①面料和衬布的热收缩率不一致。可以改用与面料热收缩率相近的衬布。

②衬布质量低劣，涂层不均匀。选用合格的衬布。

③黏合温度、压力不均匀而产生。加强黏合设备的每日检测，稳定黏合条件。

④黏合后未冷却就将衣片卷曲或折叠。加强管理，保证黏合后衣片的充分冷却。

6. 黏合牢度不良

严重的黏合牢度不良会产生脱胶，其原因以及改善措施如下。

①黏合温度过低，压力过小，时间过短。应该提高黏合条件。

②黏合温度过高，使胶粒游移。可以降低黏合温度。

③衬布的热溶胶类型不适合所用面料，与面料黏合不良。改用与面料匹配的衬布。

④两次黏合，第二次黏合温度高于第一次，使面料与衬料错位。在生产

中尽可能不要两次黏合。如果必须进行二次黏合，第二次黏合的温度要合适。

7. 衣片打卷或衣片洗涤后打卷，其原因以及改善措施

①衬料和面料的热收缩率不一致。测定两者的热收缩率，如果衬布的热收缩率大就更换衬布，面料的热收缩率大就在黏合前预压烫，以消除或降低黏合中的热收缩。

②洗涤后打卷，是因为衬布和面料的缩水率不一致。可以分别测定面料、衬料的缩水率，选择与面料匹配的衬料。

8. 洗涤后起泡

黏合后的衣片，在洗涤后起泡，其产生原因及改善措施如下。

①热溶胶类型不耐水洗或干洗。正确选用热溶胶的类型。

②黏合条件不当导致黏合强力不够而起泡。需要提高黏合条件。

③衬料和面料的缩水率不一致。选用与面料缩水率一致的衬布。

9. 洗涤后衣片正面渗料

热水洗或者蒸汽熨烫后渗料，应该选用耐蒸汽熨烫和耐热水洗的衬布；干洗时渗料，选用耐干洗的衬布。

第四节 拉链的品质管理

一、拉链的种类

1. 按材料分类

①锦纶拉链：隐形拉链、双骨拉链、编织拉链、反穿拉链、防水拉链等。

②树脂拉链：金（银）牙拉链、透明拉链、半透明拉链、蓄能发光拉链、镭射拉链、钻石拉链。

③金属拉链：铝牙拉链、铜牙拉链（黄铜、白铜、古铜、红铜等）、黑叻（锌合金）拉链。

2. 按品种分类

①闭尾拉链。

②开尾拉链（左右插）。

③双闭尾拉链（X 或 O）。

④双开尾拉链（左右插）。

3. 按规格分类

拉链型号的大小和拉链牙齿的大小成正比，表述方式为 3#、4#、5#、7#、8#……

二、拉链的基本知识

1. 拉链的规格和型号

拉链的规格是指两个链牙啮合后牙链的宽度或尺寸范围，计量单位用 mm。拉链的规格是各组件形状尺寸的依据，是最具有特征的重要尺寸。

拉链的型号是形状、结构及性能特征的重要反映。

2. 拉链的强力

拉链的强力是最主要的性能指标，决定了拉链的适用范围和耐用程度。在各国的拉链标准中，对强力也有明确的规定，也是检测拉链品质的依据。

3. 拉链的长度

拉链的长度涉及服装闭合部位的尺寸，是检验拉链中重要的尺寸。

测量拉链长度的方法是：将拉链平放在平整的台板上，使其处于自然状态，用钢尺从拉头的顶端量起，量至下止口的外端，开尾拉链则量至插座的外端。

在拉链制作的过程中，由于设备的惯性及考虑链齿的完整性，拉链的长度允许有偏差，但要在一定的范围之内，如表 3-2 中 YKK 拉链的允差。

表 3-2　YKK 拉链的长度允差

拉链长度（cm）	允许公差	拉链长度（cm）	允许公差
30 以下长度	±5mm	60≤长度<100	±15mm
30≤长度<60	±10mm	长度≥100	±2%

4. 拉链的平直度

拉链平直度的测量方法为：把拉链平放在台板上，使其处于自然状态，然后用手指在链牙边缘两侧来回移动一次，用直尺逐渐向弯曲处靠拢，然后用另一直尺量取拉链牙脚与直尺之间的最大距离，此距离即为平直度，其平直要求见表 3-3。

表 3-3　拉链平直度的基本要求

拉链长度（mm）	≤180	181~400	401~600	601~900
允许平直度（mm）	≤3	≤5	≤7	≤9

5. 拉链以及拉链带的颜色

拉链以及拉链带的颜色必须符合确认样卡或确认样。如果要求配大身色，还要与面料再次核对。同时检查同条拉链有无色差、同批拉链有无色差，一般色差应控制在 4 级以上。

6. 拉链的外观（图 3-10）

①拉链的平直度和平整度：使拉链处于自然下垂状态，无波浪或弯曲。

②拉链的链牙：注塑拉链的链牙光亮，正面中部无凹陷，无缺牙。金属链牙排列整齐，不歪斜，无断牙。链牙的啮合良好。

③注塑拉链的色泽：色泽均匀一致，光亮鲜艳，无色差。

④拉链带贴胶：拉链带贴胶位置对称，无歪斜。贴胶处反复 10 次折转 180°而不折断。

⑤拉头：电镀拉头的镀层光亮，不起皮，无异物划痕。涂漆、喷塑拉头表面色泽鲜艳涂层均匀牢固，无气泡、死角等缺陷。

⑥拉链带的缩率与面料缩率应一致，如果不一致，车缝前需要做处理。

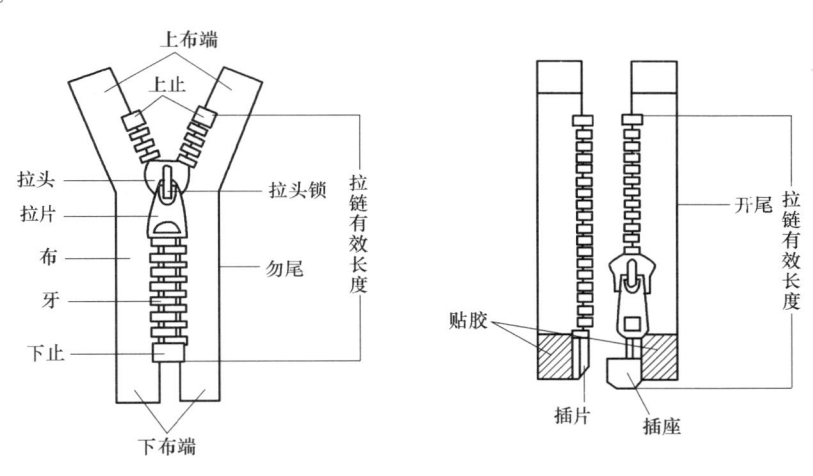

图 3-10 拉链部位名称

7. 拉链的功能

检验时，可进行以下操作，以确保拉链的功能良好。

①拉动拉头来回移动，拉头滑行平稳、灵活，无跳动或卡止感。特别注意拉头在上止、下止及插片处启动无阻碍。

②翻动拉片在 180°范围内翻动灵活。

③插入或拔出插座，灵活无阻碍。

④拉片处于自锁状态，拉开两条链牙带，角度 60°，拉力适中。如果拉头不滑行，表示拉头自锁良好。反之，则表示无自锁或自锁强力不够。

⑤将拉片垂直于拉头平面向上提拉，帽罩牢固。

⑥拉链的材料应防锈、抗腐蚀，并满足有关产品输入国的安全性法规。

第五节　纽扣和其他扣件的品质管理

纽扣就是衣服上用于两边衣襟相连的系结物。纽扣种类繁多，且有不同的分类方法。根据纽扣的特点，可以将纽扣大致分为以下几类：合成材料纽扣、天然材料纽扣、组合纽扣及金属纽扣等。

一、纽扣的型号尺寸

纽扣的规格常用号（Lines）来表示，缩写为"L"。纽扣的型号（L）与纽扣外径尺寸的关系如下。

$$纽扣外径(mm) = 纽扣型号 \times 0.635$$

在品质管理中，需要检查或测量纽扣的外径尺寸，因为这直接涉及纽孔的大小。从使用功能来说，纽扣与纽孔的尺寸不配合，会导致使用时或紧或松的现象出现，这是不能接受的。常见的纽扣的型号与尺寸的关系如表3-4。

表3-4　纽扣的型号、尺寸关系表

纽扣型号	纽扣外径（mm）	纽扣型号	纽扣外径（mm）
14#	8.89	34#	21.59
16#	10.16	36#	22.86
18#	11.43	40#	25.40
24#	15.24	44#	27.94
28#	17.78	54#	34.29
32#	20.32		

二、纽扣的颜色

对于大多数纽扣来说，其颜色与面料应相匹配，通常选用与面料同色或相近色。但有时为了强调另一种设计效果，也会选择其他配色方案，例如，一件黑色的服装配上白色的纽扣。尽管纽扣在服装上所占面积很小，但会十分突出、醒目。一件粉红色的童装，配上浅紫色的扣子，就会显得更加鲜艳、活泼。纽扣颜色的搭配有它不同的效果，所以纽扣的颜色必须符合确认的样品或色样。

三、纽扣的性能

纽扣在服装制作、穿着、洗涤、熨烫、干燥、储存等过程中,如果性能不好,外观形态会发生变化,包括变色、变形,面料与纽扣接触后沾色等情况。因此,纽扣应具备良好的安全性能和使用性能。

①纽扣应具有良好的抗拉伸强力(图3-11)。

②纽扣应具有良好的抗撞击强力。

③纽扣应具有良好的耐摩擦性能。

④纽扣应具有良好的抗洗液腐蚀性能。可在40℃、50℃、60℃和95℃水中测试对洗衣液的抗腐蚀性,这些温度涵盖了洗衣过程中从轻柔到强力的所有洗涤方式。

⑤纽扣应具有良好的耐湿热性能。无论是干洗还是水洗,洗后往往要进行熨烫。如果纽扣熨烫后,发生褪色、沾色或变形,那么服装的质量就大打折扣。

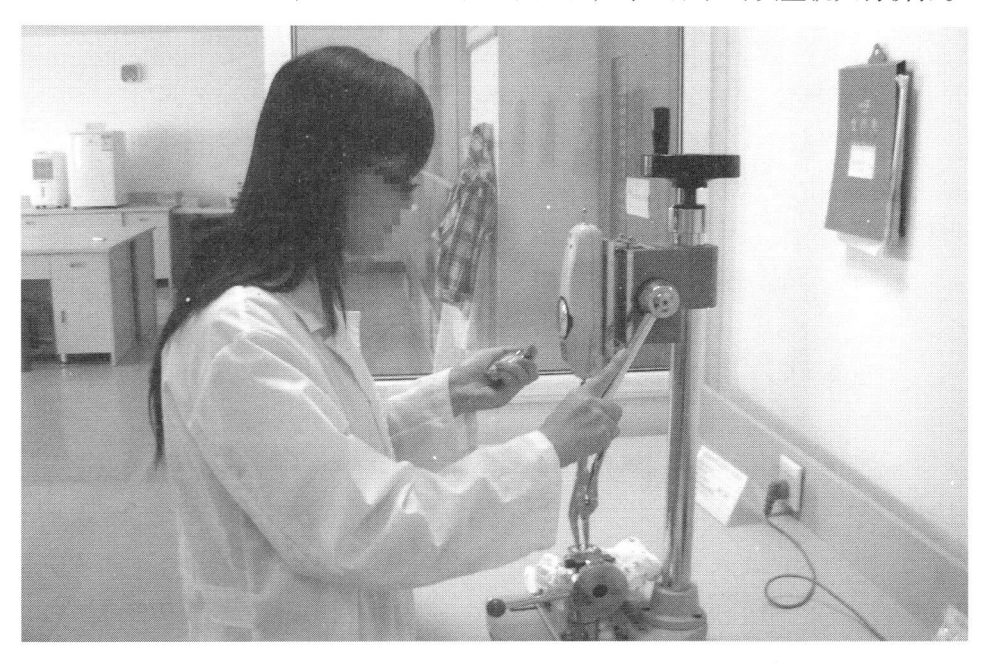

图3-11 纽扣抗拉力测试

四、纽扣其他检验项目

①对照样品。看颜色、型号是否与样品相符。

②表面不应有裂纹、缺口、凹凸不平及明显划痕。

③面背无车裂、起泡，无烂边、厚薄不均等现象。
④花纹应无明显变形，无白眼、白圈等现象。
⑤扣眼应光洁通畅，针眼无不穿或破裂，要对称且无大眼。如果是暗眼扣，暗眼槽应光滑。
⑥同批次纽扣色差应不低于 GB 250 4 级标准，来样应不低于 GB 250 4 级标准。
⑦包装检验。在外观检验全部合格后，再进行分装。在包装时应放入合格证或其他标签。包装的数量应与规定相符，且每袋实际数量要与规定数量相符，发现因厚薄不一或其他原因超过允差时则要全数检验。

五、金属纽扣或扣件的表面质量

①外观：表面结晶细致，色泽正常。无起泡、脱皮、裂纹、毛刺等不良外观。
②结合力：经弯曲、划割、撞击和抛光后，无脱落起皮现象。
③孔隙率：利用化学检测法检测镀件，表面所显示的斑点不能超过标准。
④耐腐蚀：用中性盐雾试验检测镀件，一般要求在 2 级以上（如果金属纽扣或扣件的耐腐蚀性差，则在货物到客人手上会出现镀层泛黄，造成严重的不良后果）。
⑤厚度：用点滴法检测镀层厚度，应在规定的要求以内。

六、扣件装订质量的检验与判断

扣件的装订牢度是由两个方面决定的，一是扣件的结构尺寸；二是装订方法。

1. 装订处的面料厚度要均匀：装订是在外力的作用下完成的，如果装订处的面料厚度不均匀，会产生厚的一侧受力太大致使扣件变形，薄的一侧则没有钉牢。这样装订牢度没有达到要求，而且由于变形，扣件的开合功能也受到影响。

2. 装订的基布不能太薄：扣件在使用中，会经常受到开合力的作用，如果开启时所要克服的锁紧力超过了较薄面料能承受的拉力，就会导致面料被拉破。这样的情况应该在装订处的布层之间添加衬里或垫片，以增加布层厚度，防止面料被拉破。

3. 装订的基布不能太厚：装订基布太厚同样有可能产生装订不良。基布越厚所需要的装订压力也就越大。如果装订压力不够，此时只需加大装订压力即可。

4. 同件服装的面料层数不同：有时在同一件服装上，同一种扣件装订在不同的地方，而这些地方的面料层数不相同。如果装订时不注意层数的差异，仅用一种装订压力，就极有可能产生扣件装订不牢固。而应分工序、用不同的压力装订。用力拉伸扣件可以粗略地估计装订牢度。

5. 避开线缝装订：装订在线缝上的扣件常常会装订不牢固，因为线缝上所需的装订压力大，很容易导致扣件变形。另外线缝被戳穿，使缝线断裂，影响缝合牢度。

6. 模具要合适：不同种类、不同结构尺寸的扣件需要不同的模具。模具由扣件供应商提供，不能盲目代用。另外在模具的加工和安装时，都要确保上下模同心，保证装订牢固。

7. 装订后的扣件不能转动：否则意味着装订不良，检验时转动所检查的扣件。

8. 装订处的面料起皱破损也是装订不良，检验时注意装订处的面料外观。

9. 用指甲沿着扣件的边缘检查扣件与面料之间是否有间隙，如果有间隙，说明有可能装订不良。

第六节 标类、线带类和填料的品质管理

一、织标的品质问题

①织制密度不够。织制密度不够会产生一系列的外观不良问题，如织标正面不均匀暴露底色浮纱、字迹图案间断不清晰等。

②手感过硬或过软，外观不平整。外观不平整是缺乏上浆整理，而不合适的上浆整理又会使织标的手感过硬或过软，要与客户原样进行对比。

③织标的皱缩、卷曲和歪斜。织标的原料一般都采用涤纶丝，作为一种热塑性的材料，在受热以后会产生收缩。可以通过提高热定型温度来解决这个问题。

④织标吸色。在成衣染色或者牛仔服装水洗过程中，织标可能会沾染到染料，从而不能辨别商标上的标志，或者看不清楚护理要求。可以通过抗沾色整理工序，在织标周围形成一层保护膜，从而防止织标沾染染料。

⑤织标褪色。PU 和 PVC 涂层的面料，有可能会产生颜色转移问题，即颜色从面料的一个区域转移到另一个区域或从一种基布转移到另一基布。织标上的染料可能会褪色，从而沾污服装用料。通过对织标固色处理，可以有效防止颜色转移。

⑥剪折不良。很多采用手工剪折的织标外观不一致，不整齐。可以通过自动剪折机改善。

二、吊牌的品质问题

①吊牌纸的种类，可以通过观察外观、测厚仪检查厚度、称重进行检验。

②图案的颜色、结构要对照原稿进行检查。印墨均匀、不掉色可用放大镜观察，并用手揉。

③条形码不粘不断，用识码器扫描有"嘀"声。

④覆膜光亮，无气泡，黏连紧密，裁切刀口整齐。

⑤吊牌的内容正确。

三、线带类

线带类材料主要是指缝纫线等线类材料以及各种线绳线带材料。

缝纫线在服装中起到缝合衣片、连接各部件的作用，也可以起到一定的装饰美化作用，无论是明线还是暗线，都是服装整体风格的组成部分。缝纫线的种类繁多，通常按构成纤维、用途与制作方法来划分，即棉线、丝线、涤纶线、缝纫线、刺绣线、宝塔线、球状线等。最常用的缝纫线是 60s/3 与 40s/2 涤纶线，最常用的绣花线是人造丝与真丝线。

服装用线主要是指缝纫线，不同的线其特性是不一样的，因此在缝纫时必须合理选择服装用线，选择时应注意以下几点。

①色泽与面料要一致。除装饰线外，应尽量选用相近色，且宜深不宜浅。

②缝线缩率应与面料一致。

③缝纫线粗细应与面料厚薄、风格相适宜。

④缝线材料应与面料材料特性接近，线的色牢度、弹性、耐热性要与面料相适应，尤其是成衣染色产品，缝纫线必须与面料纤维成分相同（特殊要求例外）。

另外，在 GB/T 21295—2007 中规定，缝纫线、装饰线及绣花线的耐洗、沾色色牢度不小于 3~4 级。

绳带类材料品种比较多，主要有提花织带、提花绳、提花嵌条、民族花边各类松紧绳带、嵌条织带、装饰彩条带、针织包边带、裤带、安全带、麻绳、锦纶绳、色纱绳、花边带、扣带、水浪带等很多品种。

四、服装填料

填料也可叫做填充材料，是指服装面料与里料之间起填充作用的材料，主要是增强服装的保暖性能，也有的是作为衬里以增加绣花或绢花的立体感，可分为絮类填料和线类填料等种类。

①絮类填料：是指未经过纺织的散状纤维和羽绒等絮片状材料，它没有一定的形状，使用要有夹里，并且要求面料有一定的防穿透性能，如高密度或经过涂层的防羽绒布。

②线类填料：是指由纤维经特定的纺织工艺（如针刺等）制成絮片的材料，它没有固定的形状，可以根据需要裁剪使用。

思考与练习：

1. 辅料的品质管理有哪些内容？
2. 里料有哪些种类？如何检验里料的质量？
3. 黏合衬有哪些品质要求？如何选用黏合衬？
4. 黏合衬有哪些常见的疵病？如何改善？
5. 拉链有哪些种类？
6. 扣件装订的质量如何检验与判断？
7. 织标、吊牌有哪些常见的质量问题？

第四章　产前品质管理

- ● 第一节　产前准备
  - ● 第二节　产前会议和产前检查

学习目标：1. 了解产前准备的相关内容；

　　　　　　2. 掌握产前制作要求；

　　　　　　3. 掌握产前的各种工艺技术文件的内容及编制；

　　　　　　4. 了解产前会议和产前检查的相关内容。

学习重点：各种工艺技术文件的内容和编制。

学习难点：各种工艺技术文件的编制。

生产前的准备工作很多，如工艺单制作、生产计划制订、样品缝制加工等。

工艺单是服装加工中的指导性文件，它对服装的规格、缝制、整烫、包装等都提出了详细的要求，对服装辅料搭配、缝迹密度等细节问题也加以明确。服装加工中的各道工序都应严格参照工艺单的要求进行。

样板制作要求尺寸准确，规格齐全。相关部位轮廓线准确吻合。样板上应标明服装款号、部位、规格、丝缕方向及质量要求，并在有关拼接处加盖样板复合章。

在完成工艺单和样板制定工作后，可进行小批量样衣的生产，针对客户和工艺的要求及时修正不符点，并对工艺难点进行攻关，以便大批量流水作业顺利进行。样衣经过客户确认签字后成为重要的检验依据之一。

第一节　产前准备

一、制作产前样

产前样又称大货样，如果是接单生产，产前样则是订单生产前客户最后一次确认的样衣，也是生产的依据，因此制作的要求比较高。

第一，产前样必须采用准确的面、辅料。换了准确的面、辅料以后，面、辅料的缝纫性能、整烫性能以及加工性能有可能发生变化。只有通过制作产前样，才能熟悉了解面、辅料的特性，并记录下这些数据，从而指导大货生产。

第二，一般要求制作所有的尺码。通过制作产前样，可以让问题彻底暴露，从而在生产前予以修改，并及时让客户确认。

第三，要求涉及所有颜色。有时会出现已经选好的辅料与大货的面料颜色并不是最匹配，例如，缝线的颜色与面料相比，或许太深，或许太浅，通过制作产前样可以及时发现问题予以改正。

第四，按照品质管理的要求，在生产前必须对面、辅料的加工性能进行试验，如黏合衬、拉链的产前试验等，而制作产前样是对试验结果的再一次确认。

综上所述，可以把产前样认为是一个生产的标准，一个品质的标准，一次工艺的试验。它对服装的款式、尺寸准确，对保证成品品质，对生产的顺利进行和提高效率有着非同寻常的意义。

在制作产前样时,原则上应该包括所有的颜色、所有的尺码。如果尺码太多或者颜色太多,也可以合理搭配。如表4-1所示的例子,说明了搭配的方法。如果要涉及所有的尺码和颜色,需要制作32件产前样,但经过合理的搭配,仅仅需要制作8件。

表4-1 产前样的尺码/颜色搭配

颜色\尺码	S	M	L	XL	1X	2X	3X	4X
A	×				×			
B		×				×		
C			×				×	
D				×				×

注:×表示产前样。

二、工艺技术文件

服装工艺技术文件很多,它是服装制作的重要依据,必须正确无误。因为成衣生产涉及的部门、人员多,材料种类多,而工艺技术是把这些元素组织起来,使生产有一个可执行的标准。

在准备工艺技术文件时,要求工艺技术文件清晰。特别对所有有关商标、成分标、吊牌、价格牌、包装袋、纸箱上的文字、数字、图形、颜色、位置等均应非常清楚地表示。编制文件时,最好不要手写而是采用打印方式,这样可以避免文字上的误解。

我们把服装生产技术文件分为三大类,即生产文件、技术文件与质量文件。这些工艺技术文件可根据工厂实际需要进行制订。掌握各种生产数字、进行表格化生产技术管理、根据需要制作各种表格,这些都是服装生产技术管理者必备的素质。

1. 生产文件

生产文件包括:原辅料实物色卡、产品用料计划表(表4-2)、生产计划(表4-3)、生产通知单(表4-4)、装箱单,以及各种生产进度报表(如裁剪日报、缝制日报、包装日报)等。生产文件的核心为生产通知单。

2. 技术文件

技术文件主要包括:服装尺码单(表4-5)、样品确认意见、缝制工艺(缝纫指示书)、工艺更改意见、流水首件确认意见、缝制工序分解图(图4-1)、工时定额等。其核心文件为缝制工艺。

表 4-2　产品用料计划表

用料计划编号：YPCJ2011-				坯布类别：										
客户编号：DADIDA				款号：				交货数量：				型号：		
品名：				订货号：				计划数量：						
坯布种类												印花+绣花：		
规格数量	幅宽	颜色	总耗	幅宽	颜色	总耗	幅宽	颜色	总耗	幅宽	颜色	水洗说明：		交货时间：
												辅　料　计　划		
												序号	辅料名称	辅料规格	总用量
												1			
												2			
												3			
												4			
												5			
部位												6			
每打用量												7			
段长												8			
说明：												9			
												10			
	主　身　颜　色											11			
												12			
												13			
	各　码　配　比											14			

续表

用料计划编号：YPCJ2011 -	坯布类别：							交货数量：	型号：					印花+绣花：	
客户编号：DADIDA	款号：							计划数量：						水洗说明：	
品名：	订货号：													交货时间：	
														产品款式示意图	

面料审核人：　　　辅料审核人：　　　设计师：　　　技术员：　　　制表人/日期：　　　签收人/日期：

表4-3 生产计划表

货号	A组 数量	投产日期	完工日期	备注	货号	B组 数量	投产日期	完工日期	备注	货号	C组 数量	投产日期	完工日期	备注

表4-4 生产通知单

需方单位名称		合同号		需方联系人		电话	
序号	制造产品名称	规格型号	数量			技术标准、质量要求	
1							
2							
3							
4							
5							
6							
7							
8							
技术说明							
交货时间			交货地点				
通知任务时间			包装格式			运输方式	
生产批准时间			通知人姓名				
接单时间			批准人			生产班组	
			生产主管经理				

本通知一式四份,分别由通知人、批准人、生产主管经理及生产班组存备,相关人员必须按规定要求认真填写并检查执行,不得有误。
本通知单中的产品,其技术标准、产品规格型号、数量已清,生产部门必须按通知时间优质完成。
本通知单中的产品及技术标准由生产主管经理交由生产车间安排工班制造,并通知质管部随时配合检查生产质量。

审核:

填表:

表 4–5　服装尺码单

款号：　　　　　　　　　品名：　　　　　　　　　生产数量：　　　　　　　　　日期：

序号	部位	尺　　码　（单位：cm）					产品示意图及丈量方法
		155/80A	160/84A	165/88A	170/92A	175/96A	
1	衣长						
2	腰节长						
3	胸围						
4	领围						
5	肩宽						
6	袖长						
7	袖口围						
8							
9							
10							
11							
12							
备注							

制表人：　　　　　　　　　　　　　　　审核人：

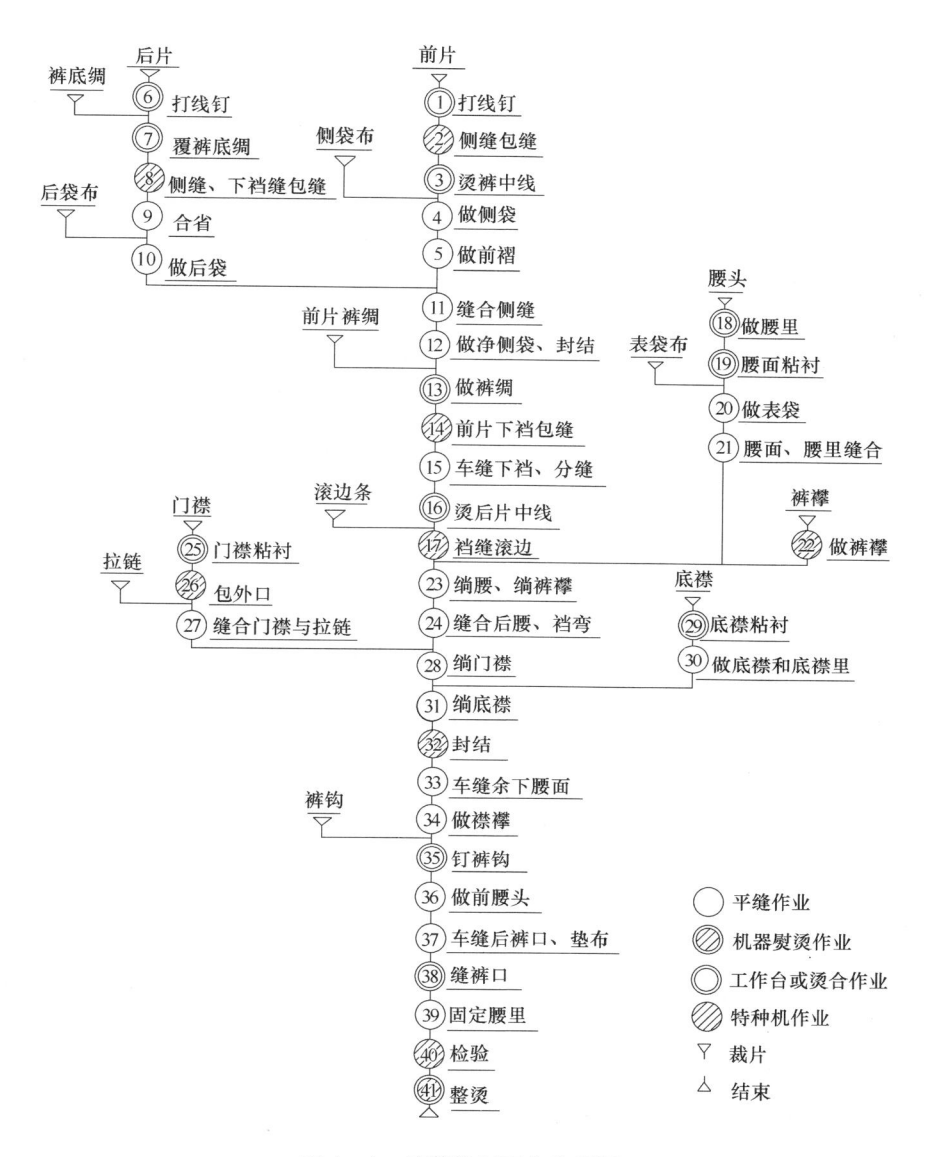

图 4-1 裤装缝制工序分解图

缝制工艺可以简单地理解为生产加工的方法，也就是劳动者利用生产工具对各种原料、半成品进行加工处理，使其改变现状、成分、性能与作用等而成为产品的方法。工艺文件则是对加工过程的产品或零部件规定加工的步骤和加工方法进行指导的文件，是企业劳动组织、工艺装备、原材料供应等工作的技术依据。制订工艺的原则是：技术上的先进和经济上的合理。由于不同的工厂的设备生产能力、精度以及工人熟练程度等因素都大不相同，所以对于同一种产品而言，不同的工厂制订的工艺可能是不同的，甚至同一个工厂在不同的时期做的工艺也可能不同。

①编制缝制工艺的依据如下。

　　a. 根据客户提供的样品及有关文字说明或本企业试制的确认样。

　　b. 根据订单指定的款式、规格、型号及生产批量。

　　c. 根据本企业现有的设备配备与缝纫附件及可能使用的专用设备与缝纫附件。

　　d. 根据客户提出的补充意见及销售地区的相关资料（如风土人情及特点等）。

　　e. 产品技术标准（国际标准、相关国家标准、行业标准、企业标准等）规定的各项技术条件。

　　f. 样品试制（确认样、船样）记录与改进意见。

　　g. 原辅料检验报告。

　　h. 原辅料理化测试报告（如面料的缩水率实验报告等）。

　　i. 原辅料确认样卡。

　　j. 产品缝制相关的操作样板。

②编制缝制工艺的具体要求如下。

服装生产是一种劳动力密集型的生产，缝制工艺尤为重要。作为服装生产工艺文件必须具备完整性、准确性、适应性及可操作性，四者缺一不可。

　　a. 工艺文件的完整性。主要是指文件内容的完整，它必须是全面的和全过程的，它包括裁剪工艺、缝纫工艺、锁订工艺和整烫以及包装工艺等的全部规定。

　　b. 工艺文件的准确性。作为工艺文件必须准确无误，不可模棱两可、含糊不清。要求图文并茂、一目了然。在文字难以表达的部位可配图解，并标以数据等；措辞准确、严密，逻辑严谨，紧紧围绕工艺要求、目的和范围撰写；术语统一准确规范，要执行服装术语标准规定的统一用语，有时为了照顾方言，可以配注解同时使用。

　　c. 工艺文件的适应性。制订工艺文件必须符合市场经济及本企业的实际情况。脱离实际的工艺文件是难以取得预期效果的。适应性的内容有：

● 工艺文件要与我国技术政策及国家颁布的服装标准的要求相适应。

● 工艺文件要与产品的销售地区的风土人情及生活习惯相适应。

● 工艺文件要与本产品的繁简程度、批量大小、交货日期、现有的专用与通用设备、工人的技术熟练程度、生产场地、生产环境以及生产能力相适应。

　　d. 工艺文件的可操作性。工艺文件的制订必须以确认样的生产工艺及最后鉴定意见为生产工艺的依据。文件应具有可操作性和先进性，未经实验的原辅料及操作方法不可轻易列入工艺文件。

3. 质量文件

质量文件主要包括：返修率报告表、质量分析报告、样品质量确认书（表4-6）、首件产品质量确认书、服装质检报告表（表4-7）等。

表4-6 样品质量确认书

客户：　　　　　　　款号：　　　　　　　品名：

一、尺寸表

尺寸 部位	165/84A	170/88A	175/92A	180/96A	185/100A
后中长					
胸围					
肩宽					
领围					
袖长					
袖口围					

二、面料、辅料

颜色：_____ 手感：_____ 规格：_____
拉链：_____ 线色：_____ 纽扣：_____

三、工艺

板型：_____
商标：_____
电脑：_____
扣眼：_____
车工：_____
包装：_____
污渍：_____
备注：_____

验货后批示：
确认方签字：_____
被确认方签字：_____　　　　　检验日期：_____

86 / 服装品质管理

表 4-7 服装日常质检报告表

编码：

日期	款号	颜色	规格	数量	合格品	不合格品	降等或报废	返工工序							
								包缝	平缝	钣车	贴袋	上拉链	腰头	领子	……

检验员：　　　　　　　　　　　　组长：　　　　　　　　　　　　年　月　日

第二节　产前会议和产前检查

产前会议（由业务部、生产部、跟单验货部、品管部组成）严格核对客人交期和工厂生产计划的出入，在排计划的时候要充分考虑到大货生产中的不确定因素。如面料和辅料问题、对缝制的难度估计不够，甚至要考虑到水电短缺等问题，提前做出预案并解决，避免影响交期。明确生产进度：裁剪日期、缝纫日期、整烫日期、包装日期、出运日期等。重新检查产前样和封样的各个部位和细节，明确包装要求，检查人员须安排质检日程。

一、面料和里料的检查

①面料的幅宽应该符合订单要求（根据尺寸定幅宽），面料匹长（面料匹长越长越好，但因为面料总会有疵点，有些疵点必须开裁，而开裁必然会缩短面料的匹长）。

②组织结构和成分检测结果：面料的组织结构规格要符合要求。纯纺织物无允差，混纺织物的成分允差小于3%。

③面料和里料密度和克重检测结果：机织物的密度允差小于5%；针织物的重量允差在±5G左右；针织面料还要看纱的品质好坏（精梳纱、半精梳纱、普梳纱等）。

④面料和里料颜色：染色牢度要达到3级（即皂洗或干洗后无明显的形状和颜色变化）；面料的颜色与确认样比较，色差必须在4级以上（包括前后色差、左右色差及色花、匹与匹的颜色差）。另外要注意对色卡时的检验光源最好根据客人的要求决定。

面料印花颜色：核对色样和初稿，印花面料不能有明显的断痕、位置不对或染痕等。

⑤面料的纬斜或纬弧必须小于2%~3%。

⑥水洗效果：水洗方法有很多种，如清水洗、酵素洗、砂洗、石磨、喷砂、喷药水等，要保证水洗后的颜色、外观和手感符合客户确认的样品。

⑦面料和里料的检测报告：所有项目的检测结果要在可以接受的范围之

内，如面料缩水，针织面料要小于5%~7%，机织要小于5%；起毛、起球测试必须达到2~3级；pH值在4.0~7.5；甲醛含量≤75mg/kg，婴儿服装或贴身内衣≤20mg/kg等。

⑧面料常见其他问题：面料明显的油渍、污点，针织面料明显的永久性的横条、抽纱、针洞、异性纤维、粗纬纱、染色不良、色牢度问题、弹力未达到要求等。

⑨检查中如发现面料和里料有任何不符点，未经客户确认及主管同意则不得开裁。

二、其他辅料的检查

首先明确该款用哪些辅料，在开会之前先做好辅料卡，然后对所有的辅料一一核对。

①黏合衬：检查黏合牢度（因素有温度、压力、时间）、尺寸稳定性，是否有渗胶、脱胶、黏合不良影响成衣外观的疵点。

②织带：检查尺寸、规格、颜色以及和大身的配色效果，也要检查缩水率、染色牢度等测试结果。

③橡皮筋：检查种类、规格、尺寸、缩水率、弹性恢复率、橡皮筋部分的松量和拉量尺寸。

④罗纹：检查成分、质地、组织、颜色、尺寸和规格，也要检查罗纹的缩水率、弹性恢复率和染色牢固度的测试结果。

⑤魔术贴：检查魔术贴的尺寸、功能以及面料的配色效果。

⑥花边：检查花边的材料、花型、质地和颜色，检查产前样上的花边和大身的缝合是否正确、美观和牢固。

⑦拉链：检查种类、材料、尺寸、颜色和功能，以及客户对此是否有特殊要求，比如对拉头的特殊要求，有些客人要求使用YKK品牌的拉链等，拉链强度要达标，铝制拉链不可以用在前裆或其他受力部位。

⑧纽扣：检查材料、规格、尺寸（1mm = 0.635L）和颜色，纽扣与纽孔配合是否合适，缝钉松紧程度和牢度，钉扣方法是否正确，如交叉、平行、锁式和链式等确认是否需要备扣和备扣位置。

⑨四合件扣：检查种类、材料、尺寸和颜色并检查扣合件的装订位置是否正确，试验其扣合功能（测试每一粒扣非常重要），因为有些会太紧或者太松都直接影响其功能性。

⑩绣花：检查绣花的花型、颜色和位置。

⑪肩棉：检查尺寸、规格、缝钉位置和方法。

⑫缝线：检查成分、支数、股数和颜色，任何情况下不可使用单丝车缝线；车缝线的色牢度必须合格；线色需要搭配恰当，除非客户有撞色要求。另外要根据不同面料种类、不同厚度的面料选择车线的种类和粗细大小，如涤棉线、全涤线、锦纶线等。

⑬商标和洗涤标志：检查主标、洗标以及其他标志的内容、质地、颜色、织字或印字是否清晰，各个标志是否准确。

⑭吊牌及价格牌：检查内容、纸质、颜色和图案是否准确，特别要注意条形码及其位置准确性。

三、款式、尺寸和做工的检查

①核对产前样和封样的款式，以及所有大小部位。
②检查所有的缝迹、针距大小，以及缝线的颜色、张力。
③如果是条格面料则检查所有对条、对格。
④检查成衣生产所需要的各个规格资料是否齐全，测量所有颜色、所有码的产前样尺寸。特别值得注意的是有些套头衫的尺寸一定要准确，特别是领子内有人字带的圆领衣服一定要注意尺寸，否则有可能因穿着者头套不进去而致使客户要求退货和赔款。
⑤检查产前样所有部分的做工。
⑥检查客户关于确认样的修改意见是否已在产前样中得到改正。
⑦分析较难生产的部分以及可能会出现的疵病，采取相应的预防措施。

四、生产计划

①明确面料的数量是否满足订单数量以及加成数量。
②明确裁剪、缝纫、整烫开始和结束日期以及最后包装日期。

五、校对客户资料

在产前会议上对所有的资料进行核对，要对每个细节进行讨论，并留存确认后的资料。

思考与练习:

1. 产前样制作有哪些内容?
2. 练习编制生产文件。
3. 练习编制技术文件。
4. 练习编制质量文件。
5. 产前检查有哪些项目内容?

第五章　生产品质管理

- 第一节　裁剪品质管理
- 第二节　车缝品质管理
- 第三节　缝纫机使用注意事项
- 第四节　成衣疵病检验
- 第五节　成衣尺寸检验

学习目标：1.掌握裁剪工艺的管理制度和工艺要求；
　　　　　　2.掌握排料、拉布、裁剪、验片的注意事项；
　　　　　　3.掌握车缝的品质管理要求；
　　　　　　4.掌握缝纫机的使用注意事项；
　　　　　　5.掌握成衣疵病的种类和检验；
　　　　　　6.掌握成衣尺寸的检验标准和要求。
学习重点：1.裁剪过程中的品质控制事项；
　　　　　　2.车缝的品质控制事项；
　　　　　　3.成衣疵病和尺寸的检验。
学习难点：生产各环节中的质量控制。

第一节 裁剪品质管理

一、裁剪工序质量管理制度

1. 投产前严格执行"五核对"、"八不裁"制度，把好裁片质量关

"五核对"包括以下内容。

①核对合同编号、款式、规格、批号、数量、型号和工艺单。
②核对原辅料等级、花型、色差、倒顺、正反、门幅、数量。
③核对样板数量是否齐全。
④核对原、辅料定额和排料图是否齐全。
⑤核对辅料层数和要求是否符合技术文件（标准）。

"八不裁"包括以下内容。

①原料、辅料没有试验缩率的不裁。
②原料、辅料等级档次不符合的不裁。
③原料纬斜超规定的不裁。
④样板规格不准确或组合部位不合理的不裁。
⑤色差、疵点、污、残超过规定的不裁。
⑥样板不齐的不裁。
⑦定额不明确、门幅不符或超定额的不裁。
⑧技术要求和工艺规定没有交代清楚的不裁。

2. 严格执行八项技术操作规定

①严格执行顺毛、顺色、顺光作为正面的规定。
②严格执行拼接规定。
③严格执行互借范围规定。
④严格执行色差、疵点范围规定。
⑤严格按工艺规定执行对条、对格规定。
⑥严格执行辅料、排料、节料、开刀、定位、编号的技术规定。
⑦严格执行电刀、电剪等工具设备的安全操作规定。
⑧严格执行文明生产规定。

二、裁剪工艺要求

服装裁剪的主要工艺过程为：铺布→断料→借疵→划样→裁剪→捆扎，

裁剪前要先根据样板绘制出排料图。排料的基本原则是"完整、合理、节约"。

1. 机织面料在裁剪工序中的主要工艺要求如下

①排料时点清数量，注意避开疵点。

②对于不同批染色或砂洗的面料要分批裁剪，防止同件服装上出现色差现象。对于一匹面料中存在色差现象的要进行色差排料。

③排料时注意面料的丝缕顺直以及衣片的丝缕方向是否符合工艺要求，对于起绒面料（例如丝绒、天鹅绒、灯芯绒等）不可倒顺排料，否则会影响服装颜色的深浅。

④对于条格纹的面料，排料时要注意各层中条格对准并定位，以保证服装上条格的连贯和对称。

⑤裁剪要求下刀准确，线条顺直流畅。铺型不得过厚，面料上下层不偏刀。

⑥根据样板对位记号剪切刀口。

⑦采用锥孔标记时应注意不要影响成衣的外观。裁剪后要清点数量并验片，同时根据服装规格分堆捆扎，附上票签，注明款号、部位、规格等。

2. 针织面料在裁剪工序中的主要工艺要求如下

①借疵是提高产品质量、节省用料的重要一环，断料过程中尽可能将坏布上的疵点借到裁剪部位或缝合处。

②针织面料按经向网目铺料裁剪，裁剪一般采用套裁方式，常用的有平套、互套、镶套、拼接套、剖缝套等。

③不要将有折叠痕迹处和有印花的边缘处使用在服装的明显部位。

④剪裁中不要使用锥孔标记，以免影响成衣的外观。

三、裁剪品质管理项目

（一）排料注意事项

排料是一项技术性较强的工作，与节约原料有着直接的关系，一般服装厂的技术科都有专人负责。排料应做到以下几点。

1. 保证设计质量符合工艺要求

（1）丝缕正直：在排料时要严格按照技术要求，注意丝缕的正直。绝不允许为了省料而自行改变丝缕方向，当然在规定的技术标准内允许改变丝缕方向。因为丝缕是否正直，直接关系到成形后的衣服是否平整挺括、不走样，穿着是否舒适美观。

（2）正反面正确：服装面料有正反面之分，且服装上许多衣片具有对称性，左右对称。因此排料要结合铺料方式（单向、双向），既要保证面料正反一致，又要保证衣片的对称。

（3）对条对格：有倒顺毛、花、倒顺图案面料的排料应做到以下几点。

①对条对格处理：即条格面料的排料问题，服装款式设计时，对于条格面料，为使成衣后服装达到外形美观，都会提出一定的要求。如两片衣片相接后，条格连贯衔接，如同一片完整的面料；有的要求两片衣片相接后条格对称，也有的要求两片衣片相接后条格相互成一定角度（喇叭裙、连衣裙）。

②倒顺毛面料：表面起毛或起绒的面料，沿经向毛绒的排列就具有方向性。如灯芯绒面料一般应倒毛做，使成衣颜色偏深。粗纺类毛呢面料，如大衣呢、花呢、绒类面料，为防止明暗光线反光不一致，并且不易粘灰尘、起球，一般应顺毛做，因此排料时都要一一顺排。

③倒顺花、倒顺图案：这些面料的图案有方向性，如花草树木、建筑物、动物等。如果面料方向放错了，就会头脚倒置。

（4）避免色差：布料在印、染、整理过程中，可能存在色差，进口面料质量较好，色差很少，而国产面料色差往往较严重。通常一件服装的排料基本上是排在一起的，所谓的要避免色差，主要是指边色差。当服装有对色要求时，那么上衣就要求破侧缝，这样在侧缝处、门襟处就不会有色差。而裤子就要求破栋缝，即侧缝、门襟、栋缝在同一经向上。另外，重要部位的裁片应放在中间，因为中间大部分的色差往往不严重，色差主要在布边几十厘米的地方。有色差的面料，排料时应将相组合的部件尽可能排在同一纬向上，同件衣服的各片，排列时不应前后间隔太大，距离越大，色差程度就会越大。

（5）核对样板块数，不准遗漏：要严格按照技术科给的样板及面辅料清单进行检查。

2. 节约用料

在保证设计和制作工艺要求的前提下，尽量减少面料的用量是排料时应遵循的重要原则，也是工业化批量生产用料的最大特点。

服装的成本，很大程度上在于面料的用量多少，而决定面料用量多少的关键就是排料方法。如何通过排料找出一种用料最省的样板排料形式，很大程度要靠经验和技巧。

（1）先大后小：排料时，先将主要部件较大的样板排好，然后再把零部件较小的样板在大片样板的间隙中及剩余部分进行排列，即小样板填排。

（2）套排紧密：要讲究排料艺术，注意排料布局，根据衣片和零部件的不同形状和角度，采用平对平、斜对斜、凹对凸的方法进行合理套排，并使两头排齐，减少空隙，充分提高布料的利用率。

（3）缺口合并：如前后衣片的袖笼合在一起，就可以裁一只口袋；如分开，则变成较小的两块，可能毫无用处。缺口合并的目的是将碎料合并在一起，可以用来裁零料等小片样板，提高布料的利用率。

（4）大小搭配：当同一床上要排几件时，应将大小不同规格的样板相互搭配，如有S、M、L、XL、XXL五只规格，一般采用以L码为中间码，M与XL搭配，S与XXL搭配排料。当然件数要相同。原因是一方面技术部门用中间号来核料，其他两种搭配用料基本和中间号相同，这样有利于裁剪车间核料，控制用料。另一方面，大配小，如同凹对凸一样，一般都有利于节约成本。

（二）拉布铺布注意事项

1. 分清面料的正反面。
2. 面料的方向性。如天鹅绒、灯芯绒、毛巾布等面料，要求同一件衣服各部分、同一套服装的上衣和裤子毛向一致。
3. 拉布台标记。当拉布台上做记号时，检验员应该核对。
4. 铺布时布面应平整。必须使每层材料的表面平整，不得有褶皱、歪曲不平现象。否则衣片将变形，给缝纫工作带来困难，并对服装效果及质量产生不利的影响。
5. 布边对齐。由于面料的布幅总会有一定差异，通常以面料的一侧作为基准，即"里口"，铺料时必须保证里口整齐。
6. 起手或落手。铺料起手时，前沿应整齐，落手也应剪齐。
7. 铺料时尽可能减少对面料的拉力。
8. 接匹。品质管理员要检验接匹的衔接距离是否合适或符合工艺规定。
9. 歪斜。铺料不可以歪斜。
10. 计数。铺料层数必须正确，在从铺料布堆的两端清点计数。如果在铺料时放入隔纸，有助清点计数。
11. 零布头。检验零布头的长度是否不超过最短接匹长度，以免浪费。
12. 面料疵点。看疵点是否可避开或接匹开剪。
13. 刀缝余位。即裁剪刀可以活动的空间，如果余量空间不足，会影响裁剪的精度。

14. 对条对格。对于条格面料，纸样在面料上的排料方式一定要对格。

15. 车缝记号。对于省位、口袋位等车缝记号，不可以遗漏或不清楚。

16. 色泽标记或编号。记号一定要清楚，但不能沾污服装。

17. 布层要处理妥当。最好采用底纸和隔纸，这些纸张有以下作用。

（1）底纸有助于布料顺利地经过裁剪机的底座板，不会导致底层的布料变形。

（2）当裁片一组组移走时，底纸可以保证各层布料不散落下来。

（3）隔纸可以防止热塑性布料的切口融化。

（4）隔纸方便员工捆扎裁片。

（三）裁剪前检验

排料、铺布后一般就可以开裁了，但还是要认真核查，因为如果有疏漏的地方，一旦开裁，整批面料就难以挽回了，将会造成严重损失。

1. 面料的检测和检验报告。

2. 完整的生产技术资料。

3. 核对面料。

①面料的货号。

②面料的结构：如组织、密度、门幅等。

③面料的颜色和花型。

④面料的颜色、图案以及数量。

⑤面料的裁剪是否按缸号，这一点很重要。

4. 检查样板或者纸样。纸样是否有破损，是否遗漏定位记号，含缝头还是净样或者含缩率等。

5. 检查裁剪方案。合理排料使面料的利用率最高、损耗最小，在核对尺码、颜色、数量的搭配准确并确定裁剪方案后，操作工必须严格执行，任何变动必须由裁剪主管签字同意。另外，特别强调的是有毛向的面料，必须注意毛向的一致性。

6. 裁剪检验人员对裁片进行检验，确保没有不良裁片进入成衣车间。

7. 铺面料前的回缩（必须在自然回缩 24 小时后方可开裁，弹力面料最好回缩 48 小时以上）。

8. 检查铺料时（抽查 10% 以上辅料），一旦发现面料有疵点必须做好记号，以便换片。对通幅或通匹的大疵点则应开裁接匹。

（四）裁剪注意事项

1. 掌握正确的开裁顺序。即先横断后直断，先外口后里口，先零小料后整大料，逐段开刀，逐段取料。

2. 掌握拐角的处理方法。凡衣片拐角处，应从角的两边分别进刀开裁，而不可以连续拐角裁，以保证精确裁剪。

3. 左手压扶材料，用力均匀柔和，不可倾斜，右手推刀轻松自如，快慢有序。

4. 裁剪时要保持裁刀垂直，以免各层衣片产生误差。

5. 保证裁刀始终锋利，绝不能有刃缺口，以保证裁片边缘光洁顺直。

6. 打刀口时定位要准，剪口不得超过3mm且清晰持久。

7. 裁剪时要注意裁刀温度不可过高，特别是合成纤维，高温易使衣片边缘产生变色、焦黄、粘连等现象，同时会引起刀片玷污。

（五）裁片检查（又称验片）（图5-1）

图5-1 裁剪车间工作图

1. 检验裁片：用样板校对裁片的尺码和各部位的形状是否准确，不准确的为"误裁"。

①把样板放在顶层以核对剪口，一般的误差为1/8英寸。

②检查顶层和底层的差异，一般允许误差为1/8英寸。

③用样板检查裁片上的所有横直线条、曲线条，一般允许误差为1/8英寸。

④用对折的方法检查应该对称的部位，一般允许的误差为1/8英寸。

2. 检查定位标记是否准确、无漏打、太浅等不正常情况。

3. 检查对条对格是否正确。

4. 翻阅裁片，检查面料是否存在表面疵点、色差等品质问题。

5. 检查裁片的切口质量，避免由于裁刀刀刃的不锋利使裁片切口粗糙。

6. 检查裁片（特别是化纤面料、混纺面料等）有无烫焦和熔化现象。

7. 分包、编号的检验，应抽查10%。

8. 检查包内的裁片规格是否准确，各部分的裁片规格是否相符。

9. 同扎裁片是否为同一尺码。

10. 检查每扎裁片的数量是否准确。

11. 检查色泽标记或者编号有无编错、漏编或者重复编号等情况。

12. 包内各部分的裁片是否整齐、内外包扎是否牢固。

13. 包外标签内容是否与包内裁片内容相符。

14. 捆扎是否过紧，是否损坏面料或者使面料起皱。

第二节　车缝品质管理

一、车缝品质管理规划

1. 大货前、大货中，要求检验员每天检查缝线张力和针距。

2. 新款上线前，检验员要求工厂技术人员和品质管理人员向所有的操作工说明制作要点，避免出现问题。

3. 工厂要求配备足够的检验人员（基本要求：30名熟练操作工配1名以上检验人员、20名新操作工配1名以上检验人员）。同时，严禁工厂检验人员在检查过程中帮助剪线头，线头必须让有关工序去做。

4. 巡回检查，检验员要巡视全厂各个环节。

（1）要求车缝检验人员对生产部门的工序每天至少检查一次。

（2）对缝合工序每天至少检查两次。

（3）对新的操作工所做的工序，在确定能达到合格标准之前每天至少检查三次。

（4）对发现有疵点的工序，必须检查到彻底解决疵病为止。

（5）检验员应该不定时地全场巡回，不能像例行公事一样，以免形成规律，让操作工心存侥幸。

（6）操作工自查，要求工厂对工序进行倒查，由下道工序对上道工序的品质进行检查，不合格退回上道工序返工。

（7）断针管理（图5-2）：

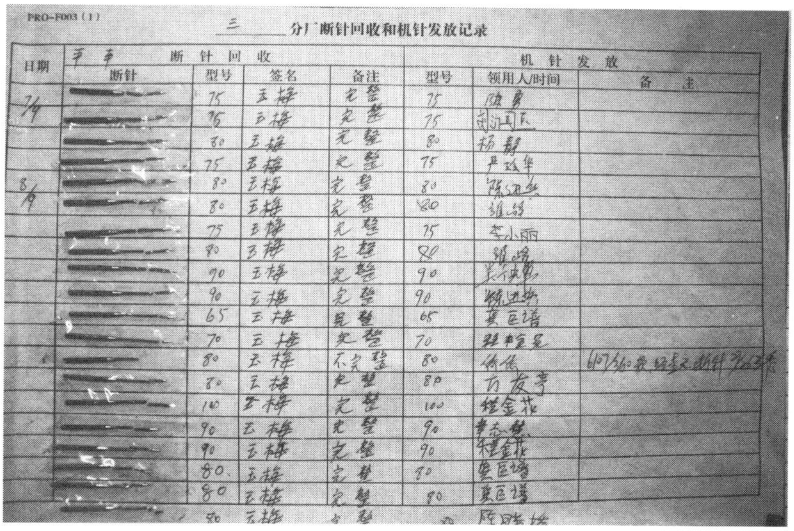

图5-2 断针回收

①必须有专人负责缝针的发放、调换以及记录。
②操作工在断针、缝针弯曲或者其他故障时必须换针。
③负责缝针的管理人员做好调换的记录并将断针粘贴在记录表上。

注意：缝针断成几截时，应收集完整再去调换，如果有一截断针找不到，必须对相关制品进行检测（图5-3）。

二、车缝过程中需达到的最低要求

1. 缝边必须完整，起落针两处均要求回针。
2. 缝边必须平顺，不得起皱扭曲，不得漏缝、断线、跳针、打结、线迹不规则，无缝纫杂物、无毛边、无明显的修补痕迹，缝骨扭曲度及变形率不得超过3%。

图5-4列入了正确的针迹及跳针、针距不均、针脚起皱等错误针迹车缝良好的针迹效果能够提升服装的品质（见书后彩页图5-5、图5-6）。图5-7

图5-3 断针检测

（见书后彩页）展示了针距测量方式。

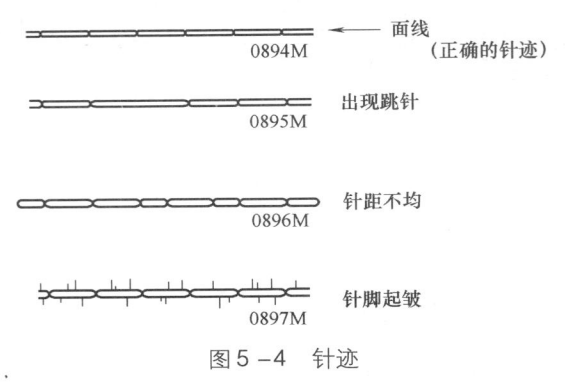

图5-4 针迹

3. 缝边强度：较薄面料为10~15磅（女士上衣、衬衣、普通针织衣）；中等较重面料为20~25磅（牛仔裤、夹克）。

4. 缝线：任何情况下都不可使用单丝车缝线；车缝线的色牢度必须合格；线色需要搭配恰当，除非客人有撞色要求。另外要根据不同面料种类、不同厚度的面料选择车线的种类和粗细大小，如涤棉线、全涤线、绵纶线等。

5. 缝边：每英寸缝针数的最低要求如下。

①中及薄型的机织面料：受力缝边12~14针；不受力缝边10~12针。

②较厚机织面料：受力缝边10~12针；不受力缝边8~10针。

③针织面料：受力缝边 10~12 针；不受力缝边 8~10 针。

6. 领口最小拉度尺寸要求如下（不可使缝骨断裂，或造成永久性变形）。

①0~9 个月 20 英寸。

②1~4 岁 21 英寸。

③4~6/7 岁 21.5 英寸。

④7~16 岁女童装 22 英寸。

⑤8~14 岁男童装 22.5 英寸。

⑥16~20 岁男童装 24 英寸。

特别值得注意的是有些衣服领口的尺寸一定要准确，尤其是领子内有人字带的圆领衣服一定要注意尺寸，否则有可能因头套不进去而导致客户要求退货和赔款。

7. 针织上衣的肩缝。必须采用补强带车在肩缝下面来增加缝骨强度。

8. 穿带要求：

①必须车牢或打结以防穿带滑落，当然也不能将本不应该车牢的穿戴车牢。

②穿带长度要适当，展开时，不得滑入衣内。

③穿带必须限制在可以打结的长度。

9. 成衣。如果为圆筒布做成，轻微皱痕可以落在侧骨上，但不得出现在前后片正中或很明显的位置上，特别是含氨纶的针织面料会因为定型不及时或不良而产生永久性皱痕，严重的不能使用在衣服的任何位置。

10. 打结与回针。受力点要打结或回针来增强承受能力，如拉链两端、侧袋上下、耳仔两端。是打结还是回针要看是机织面料还是针织面料，薄的还是厚的，另外还有客户具体要求的。

11. 线头。成衣外面和里面不得有多余的线头或过长的线尾（通常指长于 3/8 英寸的线尾）。

12. 衣袋、袋布。袋口阔及袋深要充分（客户有具体要求的按客户要求去做），另外车缝要完整，缝合处要增强强度，袋口两端要求打结。

三、车缝过程的品质控制

1. 环境卫生

在开始缝制前应做到"三清"，即机台清、地板清、器具清。

①机台清：在缝制前，先擦干净机台上的油污、积尘和灯管架灯罩上的灰

尘，再用废布在机台上试车几遍，以清除残留在机台上的机油。送布牙、针杆、压脚杆可能会有渗漏的机油，拿块布放到针车上车一下，机油就会被布吸收，这样才不会造成产品沾上油污。

②地板清：必须清扫干净自己工作周边的地板，以免裁尾、半成品等物品掉在地板上弄脏或产生灰尘、粉迹等。

③器具清：剪刀、货筐都必须打扫干净，因为如果剪刀上有机油或生锈、货筐里有灰尘、花衣毛等都会污染产品。

做好以上的清洁工作后，再把手洗干净，以免弄脏产品。

2. 设备的运行

缝制前必须先检查机台是否运转正常，并用碎布试车，检查有无跳针、断线、油线、针洞，线迹松紧度、针距是否符合要求等。

3. 用针型号与针距（表5-1、表5-2）

在通常情况下，我们常见的针织类产品有汗布、棉毛布、剪绒布、毛巾布、罗纹布、网眼布、蚂蚁布、绒布、摇粒布、双面线等。特殊面料有羊羔绒、合成布等。机织面料有涤确良、棉绵绸、平纹布、灯芯绒、斜纹布、纱长、牛津布、尾龙布、牛仔布、帆布等。因此在用针时一定要选择相应型号的机针进行缝制，否则就会出现断针或针孔现象，直接影响产品质量。

表5-1 各种面料所用针的型号

车缝类型	面料名称	针号
锁边	汗布、的确良、绵绸	65#
	棉毛布、网眼布、剪绒布、毛巾布、罗纹布、平纹布	70~75#
	绒布、蚂蚁布、摇粒布、双面绒、牛津布、斜纹布、灯芯绒	75~80#
	羊羔绒、纱长布、细帆布	80~85#
	粗帆布、牛仔布、合成布	85~90#
平车	汗布、的确良、绵绸	70#
	剪绒布、网眼布、棉毛布、平纹布、斜纹布、牛津纺，毛巾布	75#
	羊羔绒、纱长布、摇粒布、双面绒	80#
	牛仔布、合成布、粗帆布	85~90#
砍车	汗布、棉毛布、罗纹布	70#
	毛巾布、网眼布、剪绒布、绒布、蚂蚁布、双面绒、摇粒布	75#
	合成布	90#

表 5-2　针距

车缝类型	针距
锁边	8~9 针/2cm
平车	10~11 针/2cm
砍车	7~8 针/2cm

4. 在缝制过程中各道工序应注意的基本问题

①在缝制前，先对好所领缝纫线的颜色是否与布料颜色相同，确定用针型号和针距，再核对流水线上所写的款式、颜色、尺码是否与实际捆扎的物品相符合。核对各个部位的颜色搭配、裁片是否有错误，特别是有印花、绣花的产品，一定要核对捆条上的尺码是否与流水卡相符合。应对所缝制的前后片、左右片进行比较，看是否有长短、大小，如有不符，应及时告知班长进行更换。

②在缝制时，所有产品不许有针洞、漏缝、破洞等现象出现。因此，每道工序都必须按照班组长所教方法进行操作，并先做一件让班组长检查确认后再进行大货生产。在生产中，每道工序必须自查，以免造成不必要的返工，可以根据返工率的高低采取奖励或惩罚措施，奖励或惩罚的具体标准根据不同车种和款式，由各车间或班组制定。在成品检验时，每扎货、每道工序连续出现5件返工品，要退回操作者自己检查。

③平车：在操作时需定位的地方严禁用钻子钻洞或用圆珠笔、画粉定位，必须用定位粉或其他方法定位，若固定位造成物品换片和次品，应照价赔偿。平车在贴袋部位必须圆顺、左右对称，必须对所留毛边进行修剪，毛边宽度只能允许在0.1cm之内。平车缝位正常车位为0.7~1cm，特殊情况听从班长指导。对所缝制的线头，前后不能超过1cm，对有毛向的产品必须整件毛向一致。

④锁边：上下层对齐，手应放松，线迹圆顺。所放旗标、洗水标严格按照工艺要求或班组长的技术指导，位置误差不能超过0.5cm，超过0.5cm的必须返工。对所留线头允许长度0.5cm，对需砍车、滚边等部位，线头须剪干净，所有产品所裁毛边为0.5cm，特殊情况以班组长的指导和要求为准。对有毛向的产品，必须整件衣服毛向一致，须对条纹的产品必须对条纹。

⑤砍车：毛边必须落入砍车线内，线路要直，折边宽窄一致，骨位对齐，针距按要求。接线交叠处为1cm，砍车下摆时，接线位置必须在衣服左边的后片上，接线处不可在前片出现，整圈下摆不可有2个接线位出现。砍车袖口、

脚口时，接线位应在内侧的后片上，不可在其他位置上有接线出现。在砍挂肩、领口时，前后片的装饰上不可有接线出现。砍车袂腰时接线位应在后裆缝上，并且所有骨位必须对齐，骨位倒向与拉链倒向一致。

⑥锁眼钉扣：位置要准确，松紧要适度，特别是回合扣、五可扣、塑料按扣。特别注意模具的调试，扣子太松会脱落，扣子太紧会扎破衣服，并注意上下扣要对齐，扣好扣子后不可有上下层长短不齐现象出现。

⑦剪线：里外线头须清剪干净并抖掉，不可有死线头粘在衣服上，不可剪断砍车线或剪破衣服。剪完线头后衣服须叠放整齐，扣好扣子。有绣花的物品，绣花纸须撕干净，面线剪干净，底线须留 0.5cm 长。

⑧检验：在检验时，必须按工艺要求进行检验，对不合格产品必须退回返工，检验好的产品上不可有污迹、粉迹、油迹、线头等出现。在二次检验时，要对一次检验的漏验率超过 2% 的人员进行扣款，并进行单独培训。

⑨整烫：对所有产品必须按工艺尺寸进行整烫，在整烫时整件产品必须烫平。侧缝须烫出来，不可折在里面。下摆烫平、烫直，并且不可出现喇叭口。领子须烫圆顺，不可有歪斜。整件衣服需烫端正，不可有纬斜。袖子、袖口、裤脚必须左右长短、大小一致。商标须烫平、骨位倒向一致。有毛向的产品整熨斗须戴布套，以免烫死毛或留下痕迹。

第三节　缝纫机使用注意事项

安全是生产中的关键问题，因此在使用缝纫机时应注意以下几个方面。

1. 为了防止发生人身事故，不要在卸下皮带防护罩、手指保护器等安全装置的状态下运转缝纫机。

2. 为了防止发生被卷入机器的人身事故，缝纫机运转时请不要将手指放到机针的附近。

3. 打开电源时以及缝纫机运转中，请不要把手指放到机针的附近。

4. 缝纫机运转中请不要把手指放到挑线杆外罩内。

5. 缝纫机操作中，旋梭高速地旋转。为了防止手受到伤害，运转中不要把手靠近旋梭。

6. 为了防止发生人身事故，放倒缝纫机头或返回原来位置时，请注意不要夹住手。

7. 为了防止突然启动发生人身事故，放倒缝纫机或卸皮带罩和 V 形皮带时，一定先关掉电源。

8. 使用伺服电动机时，缝纫机停止电动机无声音。为了防止意外启动发生人身事故，切记不要忘记关掉电源。

9. 为了防止触电事故，在卸下电源地线的状态下，请不要运转缝纫机。

10. 为了防止触电和损坏电气零件，拔电源插头时，请先关掉机器电源开关。

11. 发生下列情况时，应立即关掉电源开关或拔下电源线插头。

①机针、弯针、分离器等穿线和更换旋梭时。

②更换机针、压脚、针板、弯针、分离器、送布牙、护针器、支架、布导向器等时。

③修理时。

④工作场所无人或离开工作场所时。

⑤使用离合电动机时，请等待电动机完全停止之后再进行。

12. 为了防止机械的错误运转或损伤，请确认如下项目。

①使用缝纫机前，请把机器打扫干净。

②清除运送途中积存的灰尘，并加油。

③请确认电压设定是否正确。

④请确认电源插头是否正确连接。

⑤电压规格不同时，请绝对不要使用缝纫机。

⑥缝纫机的运转方向是，站在飞轮侧看为逆时针方向。请注意不要让缝纫机反向转动。

第四节　成衣疵病检验

一、成衣瑕疵分类

1. A 级瑕疵

布料瑕疵即在生产制作过程中所产生的无法修复的瑕疵。它的存在会影响成衣的销售性、穿着性并导致销售者产生排斥与抱怨。

A 级瑕疵表现为以下几点。

①制作错误。

②色差。

③破裂、破洞、抽纱。
④严重起皱。
⑤尺寸太小或太大（超过允差2倍以上者）。
⑥衣片不齐、不顺、长短不一、角度呈圆弧极明显者（数据依部位而不同）。

2. B级瑕疵

此类缺点虽不会使一件成衣成为次级品，但可以看出瑕疵，需要修正，否则将来极易变成严重缺点。

B级瑕疵表现为以下几点。
①打褶。
②浮线、跳针、脱线（2个针码以上）（见书后彩页图5-8~图5-11）。
③针码太大（超过2个针距以上）。
④口袋歪斜。
⑤没有回针缝或回针缝未按规定方式操作。
⑥起皱。
⑦两边口袋不平齐超过0.3cm。
⑧口袋角度呈圆弧状。
⑨压线不平直、不平顺，误差超过0.2cm。
⑩缝位不均匀。
⑪脏、污。
⑫绣花贴片边缘残缺，印花模板搭色（见书后彩页图5-12、图5-13）。
⑬接线不齐、缝线不直不顺（接线离开未叠合），饰线误差超过0.3cm。
⑭衣片歪斜、不齐、不正、变形、长短、宽窄、未对齐花格等（见书后彩页图5-14、图5-15）。
⑮纽扣与纽门不齐。
⑯线头未剪。
⑰未熨烫。
⑱尺寸太大或太小（超出允差1.5倍以上者）。

3. C级瑕疵

此类瑕疵一般是不注意则不易觉察的缺点，对成衣之整体性不构成影响，但总有不完美之感。

C级瑕疵表现为以下几点。
①针码不符（比规定大或小二个针码以内者）。
②浮线、漏针（一个针码者）。

③压线不直、不平顺（误差在 0.2cm 以内）。
④有线头。
⑤缝迹上下强力不匀。
⑥脏。
⑦尺寸大小（超过允差 1.5 倍以内）。

二、检验动作分析

动作分析或称动作研究就是对一种作业或一种连续作业当中所发生的手与眼的动作加以分析从而排除徒劳无用的动作，进而制订更良好的动作秩序以调整其工序，寻求省力、省时、安全、经济的作业方法。广义的动作研究还包括材料、设备、附件及作业条件之分析。

通过动作分析，可以事先知道从事生产的直接人工或成本，提高员工工作效率，降低人工成本，同时还可以降低劳动强度并实现作业的标准化。

1. 上衣的检验动作

①检查前身

将被检的服装平放于查衫台上，看前身以及整件服装的造型和线条。

②检查衣领

将衣领竖起，折叠核对左右领的形状和大小是否对称，同时注意主标是否在后领中。观察领面有无黏合不良，如渗胶、脱胶、起皱等。看领面的车缝规格是否准确，车缝的外观是否美观。将衣领反过来，查看一下底领的车缝是否平整。

③检查袖子、肩部

a. 一手拿肩部；另一手拿袖口，观察袖窿和袖缝。

b. 检查袖口的各个细节，如袖纽、纽孔、袖褶等。

c. 如果有夹里，则将手伸入袖子中，看袖衬里是否顺畅。

d. 看肩部的车缝、锁边、间线是否自然。

④检查衣身的口袋

看袋子的车缝和位置尺寸，将手伸入袋中，检查袋布及其长度。如果是贴袋，看其形状，位置和车缝的效果。

⑤检查前片纽孔和纽扣

a. 观看锁眼的密度、位置、大小和外观。

b. 检查纽扣的牢固度和车缝的规格。

⑥检查前片

查看前片的所有车缝，并检查侧缝。特别注意前门襟或者有加衬里处是否平整。

⑦检查下摆

查看下摆的线条是否顺畅，检查下摆车缝的效果。（暗缝是否过面，下摆和前门襟的交界处有没有扭，侧缝线有没有对准。）

⑧检查后身

检查后身的车缝线迹是否合格。

⑨检查内身

没有夹里的衣服，要查看所有的缝迹、用线、密度。

⑩核对所用的洗水标和错码尺寸

查看所用的洗水标是不是和款号相对，是不是有车错码。

2. 裤子的检验动作

①检查前身

查看裤身的造型和线条是否美观，是否流畅。检查裤筒的缝合，注意丝缕是否顺向。

②检查腰围

检查腰头的车缝是否圆顺，是否平服。腰里是否平服。度量尺寸是否标准。

③检查纽牌

查看纽牌的车缝是否平服，是否有漏打套结（也称为打枣）。

打开纽牌，检查里面的车缝是否合乎要求。查看纽扣、纽门、扣件位置是否正确，是否牢固。

④检查裆缝

查看前裆、后裆的缝合效果，是否有布料的褶皱，十字骨的接合是否对齐。

⑤检查侧袋

手插入袋中，感觉大小是否合适。注意袋口是否服帖，是否有漏打套结，看一下袋子的缝合是不是正确。

⑥检查贴袋

查看一下口袋，袋盖的整体外观，检查纽扣和纽门的车缝或装订，是否有漏打套结。回针不可有过和不到头的现象。

⑦检查侧缝和底裆

折叠侧缝和底裆，查看是否有起皱等外观瑕疵。缝线是否标准，顺畅。

左右裤长是否相同、脚口是不是一样大小。

⑧检查整体的效果

两手提起裤腰，查看裤筒是否挺直，挺缝线是否居中，是否顺直。

将裤腰朝下,手拿裤口。看其前后的横截面是否有起皱或不顺服,是否有其他影响外观的瑕疵。

⑨检查裤子反面

将所检查的裤子翻向反面。查看所有的线路、线迹,是否有跳针、漏缝等瑕疵。

⑩核对所有的洗水标和尺寸

查看所用的洗水标是不是和款号相对,有没有车错码。

第五节　成衣尺寸检验

一、人体测量的基本概念

人体具有复杂的形状,为了便于对其进行测量,必须在人体的表面确定一些点和线作为测量的基准。这样才能建立统一的测量方法,测量的数据才有可比性。

基准点和基准线的确定是根据人体测量的需要,同时考虑到这些点和线应具有明显、固定、易测的特点。测量基准点和基准线无论在谁身上都是固有的,不因时间、生理的变化而改变。因此一般多选在骨骼的端点、突起点和肌肉的沟槽等部位。

1. 基准点

头顶点——头顶部最高点,位于人体中心线上。

颈椎点——颈后第七颈椎棘突尖端之点。

颈侧点——位于颈侧根部,从人体侧面观察,位于颈根部宽度的中心点偏后的位置。由于此基准点不是以骨骼的端点为标志,所以不易确定,需认真测定。

肩峰点——也称肩端点,是肩胛骨肩峰上缘最向外突出之点。

桡骨点——桡骨小头上缘最高点。

茎突点——桡骨下端茎突最尖端之点。

指尖点——中指的最尖端,上肢在自然下垂状态时的最低点。

肘点——上肢自然弯曲时最突出之点。

乳头点——乳头的中心。

脐点——肚脐的中心。

腹部前突点——腹部中心线上最向前突出之点。

臀部后突点——臀部向后最突出之点。

2. 测量项目

人体测量项目是由测量目的决定的，测量目的不同，所需要测量的项目也有所不同。

身高——人体立姿时，头顶点至地面的距离。

颈椎点高——人体立姿时，颈椎点至地面的距离。

坐姿颈椎点高——人体坐姿时，颈椎点至椅面的距离。

腰围高——人体立姿时，从腰围最细处量至地面的距离。

手臂长——肩峰点至茎突点的距离。

上臂肘长——肩峰点至肘点的距离。

颈围——在喉结下方水平绕颈一周的长度。

胸围——过乳高水平沿胸廓围绕一周的长度。

腰围——经过腰部最细部位水平围绕一周的长度。

臀围——在臀部最丰满处水平围绕一周的长度。

肩宽——沿后背表面量左右两肩峰点之间的距离。

前胸宽——从右侧腋窝沿前胸表面量至左侧腋窝的距离。

后背宽——从右侧腋窝沿后背表面量至左侧腋窝的距离。

前腰节高——由颈侧点经前胸丰满处量至腰围线的长度。

后腰节高——由颈侧点经后背量至腰围线的长度。

二、成衣各部位的测量

1. 成衣部位名称

①肩部　指人体肩端点至颈侧点之间的部位，是观察、检验衣领与肩缝配合是否合理的部位。

a. 总肩：自左肩端点通过 BNP（第七颈椎点）量至右肩端点的宽度，亦称"横肩宽"。

b. 前过肩：前衣身与肩缝合的部位。

c. 后过肩：后衣身与肩缝合的部位。

②胸部　衣服前胸丰满处。胸部的造型是检验服装的重要内容。

a. 领窝：前后衣身与领身缝合的部位。

b. 门襟和里襟：门襟是开扣眼的一侧衣片；里襟是钉扣的一侧衣片，与门襟相对应。

c. 门襟止：指门襟的边沿。其形式有连止与加挂面两种形式。一般加挂面的门襟止口较坚挺，牢度也好。止口上可以缉明线，也可不缉。

d. 搭门：门、里襟需重叠的部位。不同品种的服装其搭门量不同，范围自1.7～8cm不等。一般是服装衣料越厚重，使用的纽扣越大，则搭门尺寸越大。

e. 扣眼：纽扣的眼孔。有锁眼和滚眼两种，锁眼根据扣眼前端形状分圆头锁眼与方头锁眼。扣眼排列形状一般有纵向排列与横向排列，纵向排列时，扣眼正处于搭门线上；横向排列，时扣眼要在止口线一侧并超越搭门线半个纽扣的宽度。

f. 眼档：扣眼间的距离。眼档的制订一般是先定好首尾两端扣眼，然后平均分配中间扣眼，根据造型需要也可间距不等。

g. 驳头：衣身随领子一起向外翻折的部位。

h. 驳口：驳头里侧与衣领的翻折部位的总称，是衡量驳领制作质量的重要部位。

i. 串口：领面与驳头面的缝合处。一般串口与领里和驳头的缝合线不处于同一位置，串口线较斜。

j. 摆缝：缝合前、后衣身的缝子。

③背缝　为贴合人体或造型需要在后衣身上设置的缝子。

④臀部　对应于人体臀部最丰满处的部位。

a. 上裆：腰头上口至裤腿分叉处的部位，是关系裤子舒适与造型的重要部位。

b. 中裆：脚口至臀部的1/2处，是关系裤子造型的重要部位。

c. 下裆：自横裆至脚口间的部位。

d. 横裆：上裆下部最宽处，是关系裤子造型的重要部位。

⑤省道　为适合人体和造型需要，将一部分衣料缝去，以做出衣片曲面状态或消除衣片浮起余量的不平整部分。由省底和省尖两部分组成，并按功能和形态进行分类。

a. 肩省：省底做在肩缝部位的省道，常做成钉子形，且左右两侧形状相同，有前肩省和后肩省之分。前肩省是做出胸部隆起状态及收去前中线处需撇去的部分余量；后肩省是做出背骨隆起的状态。

b. 领省：省底做在领窝部位的省道，常做成钉子形。作用是做出胸部和背部的隆起状态，用于连衣领的结构设计，有隐蔽的优点，常代替肩省。

c. 袖窿省：省底做在袖窿部位的省道，常做成锥形。有前后之分，前袖窿省作出胸部状态；后袖窿省做出背部状态。

d. 侧缝省：省底做在侧缝部位的省道，常做成锥形。主要使用于前衣身，做出胸部隆起的状态。

e. 腰省：省底做在腰部的省道，常做成锥形或钉子形，使服装卡腰，呈现人体曲线美。

f. 胁省：省底做在胁下部位处的省道，使服装均匀地卡腰呈现人体曲线美。

g. 肚省：做在前衣身腹部的省道。使衣片做出适合人体腹部饱满的状态，常用于凸肚体型的服装制作。一般与大袋口巧妙配合使省道处于隐蔽状态。

⑥裥　为适合体型及造型需要将部分衣料折叠熨烫而成，由裥面和裥底组成。按折叠的方式不同分为：左右相对折叠，两边呈活口状态的阴裥；左右相对折叠，中间呈活口状态的明裥；向同方向折叠的顺裥。

⑦褶　为符合体型和造型需要，将部分衣料缝缩而形成的自然褶皱。

⑧分割缝　为符合体型和造型需要，将衣身、袖身、裙身、裤身等部位进行分割形成的缝子。一般按方向和形状命名，如刀背缝；也有历史形成的专用名称，如公主缝。

⑨衩　为服装的穿脱行走方便及造型需要而设置的开口形式。位于不同的部位，有不同名称，如位于背缝下部称背衩，位于袖口部位称袖衩等。

⑩塔克　将衣料折成连口后缉成细缝，起装饰作用。取名于英语 Tuck 的译音。

2. 成衣规格尺寸测量

成衣规格尺寸测量是检验服装的一个重要环节，各部位的尺寸长短直接影响到消费者的穿着舒适性。表 5-3 以滑雪套为例对服装规格尺寸检验测量进行讲解，图 5-16 为婴幼儿服装的测量部位标志，表 5-4 为其他常见款式规格测量及允许公差值。

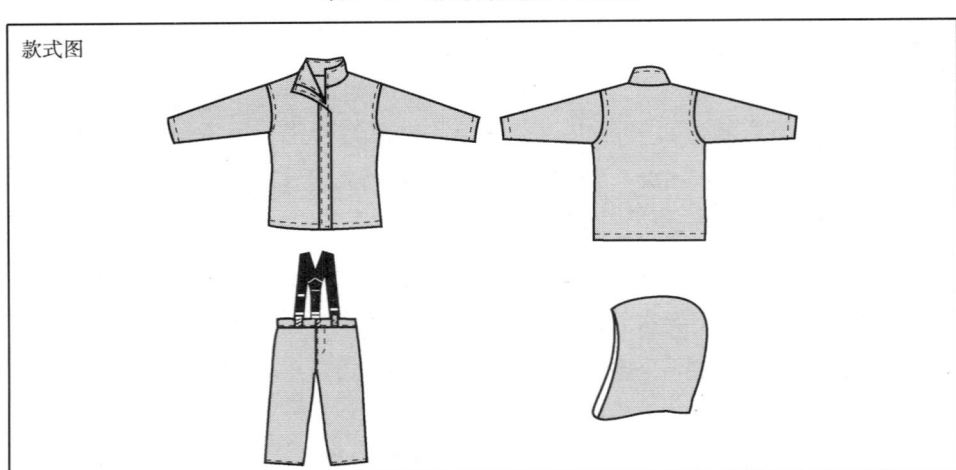

表 5-3　滑雪套规格尺寸测量

款式图

续表

序号	部位名称	测量方法	公差（cm）	图解
1	后中长（CB）	颈后中点至下摆	±1	
2	单肩宽	从肩颈点量至肩端点	±0.3	
3	肩宽	从左肩端点到右肩端点	±1	
4	袖长	从肩端点量至袖口	±0.5	
5	袖中度	从颈后中点直量至袖口	±1	
6	1/2 胸围	从袖夹下 1cm（或依客订）处由左侧缝平量至右侧缝	±1	
7	1/2 腰围	腰部最细处	±1	
8	1/2 下摆围	下摆平量	±1	
9	袖夹直量	肩端点直量至腋下	±0.5	
10	袖口平量	由袖口内侧缝平量至袖口中点	±0.5	

续表

序号	部位名称	测量方法	公差（cm）	图解
11	袖宽	由腋点垂直袖中线量	±0.5	
12	袖夹弯量	肩端点沿袖窿弯量至腋点	±0.5	
13	领长	从左领接缝量至右领接缝	±1	
14	领高	领子平放，从领角垂直量至下领接缝处	±0.5	
15	帽长	帽子平放，从帽子顶部量至帽边	±1	
16	帽宽	帽子平放，从帽中最宽处垂直量至帽檐	±0.5	
17	裤长	裤子平放，从裤头外侧缝量至脚口	±1	
18	1/2腰平量	裤子平放，从左裤头侧缝平量至右裤头侧缝	±1	
19	脚口平量	从脚口内侧缝处平量至脚口外侧缝	±0.5	

续表

序号	部位名称	测量方法	公差（cm）	图解
20	前档	裤子平放，从前片腰头量至前档底接缝处	±0.5	
21	后档	裤子平放，从后片腰头量至后档底接缝处	±0.5	
22	1/2 臀围	前档的 1/3 处与腰平行测量	±1	
23	1/2 档宽	以前后档接缝处横量至外侧缝	±0.5	
24	内档长	从前后档底接缝处量至脚口内侧缝处	±1	

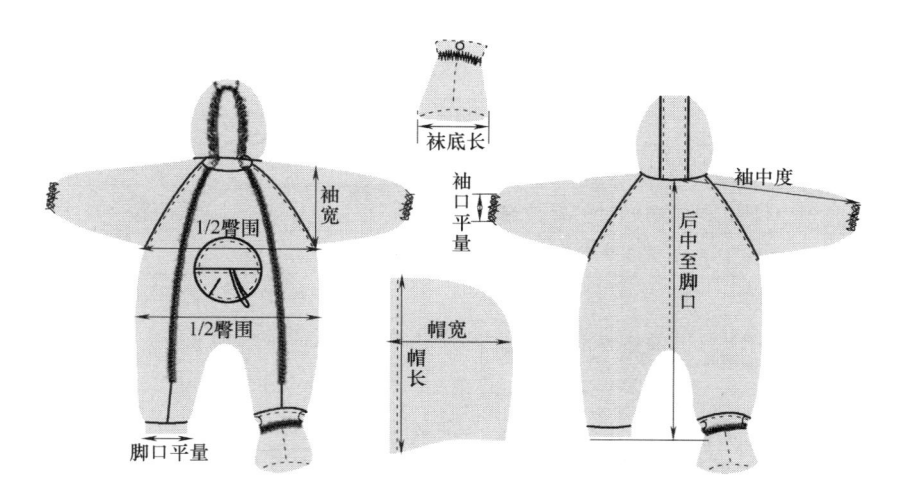

图 5-16 婴幼儿服装测量部位标志

表 5-4　常见款式规格测量及允许公差值

西 装			
序号	部位名称	测量方法	公差（cm）
1	后中长	由后领窝居中心处量至底边	±1
2	胸围	扣好纽扣，前身摊平，在袖底缝处测量（周围计算）	±2
3	肩宽	由肩袖缝的交叉点摊平横量	±1
4	袖长	由袖子最高点量至袖边	±0.5
5	袖中度	由后领中量至袖口边	±1
6	单肩宽	由肩颈点量至肩端点	±0.3
夹 克			
1	后中长	由后领窝居中心处量至底边	±1.5
2	胸围	闭和拉链（或纽扣）、前后身摊平，沿袖窿横量一周	±2.5
3	肩宽	由肩袖缝的交叉点摊平横量	±1
4	领大	摊平横量	±1
5	袖长	由袖子最高点量至袖边	±1
6	袖中度	由后领中量至袖口边	±1.5
7	下摆大	闭合拉链（或纽扣）前后身摊平，在下摆处横量一周	±2.5
8	单肩宽	由肩颈点量至肩端点	±0.3
长裤和短裤			
1	裤长	裤子平放，从裤头外侧缝量至脚口	±1.5
2	内裤长	从前后裆底接缝处量至脚口内侧缝处	±1
3	腰围	扣好扣子（裤钩），沿腰宽中间横量一周	±2
4	臀围	腰口至横裆1/3处前后量一周	±2
5	横裆	从下裆最高处横量半周	±1
6	前裆	由腰上口沿门襟直量至十字裆缝处	±0.5
7	后裆	由腰上口沿后裆缝直量至十字裆缝处	±0.5
8	脚口平量	裤脚口横量半周	±0.5
9	短裤长	由腰上口沿侧缝量至脚口	±1
10	短裤脚口	裤脚口处横量半周	±1
裙 子			
1	裙长	由腰上口沿侧缝量至裙底边（裙长90cm以上）	±1.5
2	裙长	由腰上口沿侧缝量至裙底边（裙长60~89cm）	±1
3	裙长	由腰上口沿侧缝量至裙底边（裙长59cm以内）	±1
4	腰围	扣好裙钩（纽扣），沿腰宽中间横量一周	±2
5	裙摆围	裙下摆边处横量一周（裙摆围在150cm及以内）	±2.5
6	裙摆围	裙下摆边处横量一周（裙摆围在150cm以上）	±4

三、尺寸稳定性和外观保持性

服装在生产和穿着过程中，会因各种因素的影响导致服装造型走样。这种变形不仅会影响服装的外观美，且会影响穿着者的情绪，因而必须加以克服，以保证服装尺寸稳定性。服装尺寸稳定性包括弹性变形、塑性变形、褶皱变形、收缩变形等，这里主要讨论服装和织物最频繁发生的缩水现象。

织物被水浸湿后会产生收缩，这种收缩叫做缩水，缩水的百分率叫缩水率。服装无论是在加工过程中，还是在穿着洗涤后都会出现缩水现象。缩水和织物结构以及纤维、纱线的性能、加工条件等有关，缩水的原因主要是：一方面与纤维的吸湿性有关，由于纤维吸湿后横向膨胀变大，使织物中经纬纱线的弯曲度增大，织物变厚，尺寸缩短；另一方面是由于在纺纱、织造、染整加工过程中，纤维受到一定程度机械外力作用而使纤维、纱线和织物有所伸长，致使留下潜在应变。当织物一旦浸入水中处于自由状态，拉长部分就会不同程度地回缩回去，出现缩水现象。

1. 纤维性质

各种纤维缩水率是不一样的。一般亲水性纤维（天然纤维和人造纤维）缩水率大；疏水性纤维（合成纤维）缩水率小，甚至不缩水。如棉、黏胶纤维的缩水率大，而丙纶几乎不缩水。毛纤维缩水率大的原因，除与棉、黏胶纤维有相同之处外，还有一个重要的因素便是羊毛的缩绒性。为此，在羊毛织物上采取了许多限制羊毛缩绒的防缩处理。

2. 织物性质

在相同织物规格条件下，黏胶、棉、麻、丝绸等吸湿性好的织物的缩水率较大，因此在购买时要考虑缩水率，且裁剪前进行预缩水或按比例放足缩率。合纤织物，尤其是涤纶、丙纶等吸湿性极小的织物，其缩水率很小，可忽略不计。但对于组织结构不同的织物，如结构稀疏松散、紧密度小的织物，需考虑缩水率。例如：女线呢、松结构花呢织物收缩率很大，针织物的缩水率也较大，因此这些织物不易常洗，或需经防缩树脂整理。

3. 检测方法

织物缩水率的测试方法较多，按其处理条件和操作方法的不同可分成浸渍法和机械处理法两类。浸渍法常用的有温水浸渍法、沸水浸渍法、碱液浸渍法及浸透浸渍法等；机械处理法一般采用家用洗衣机处理。但从原理上讲，不论哪种方法其测试原理大同小异，测试指标相同，即测定织物缩水处理前后的尺寸变化，由此求得织物缩水率。

4. 检测标准

对于服装尺寸的稳定性和外观保持性,《服装理化性能的技术要求》（GB/T 21295—2007）中也做了规定,见表5-5、表5-6、表5-7、表5-8。另外,针对尺寸稳定性和外观保持性相关的其他规定和测试方法,也出台了很多国际标准和国家标准,见表5-9。

表5-5 成品水洗后的尺寸变化率

项目	水洗尺寸变化率的合格品要求 ≥
领大	-2.5
胸围	-3.0
衣长	-4.0
腰围	-2.0
裤（裙）长	-4.0

表5-6 成品干洗后的尺寸变化率

项目	干洗尺寸变化率的合格品要求 ≥
领大	-1.0
胸围	-1.5
衣长	-1.5
腰围	-1.0
裤（裙）长	-1.5

表5-7 洗涤干燥后外观平整度

项目	合格品	备注
洗涤干燥后外观平整度	≥3	只考核可水洗的耐久压烫产品
覆黏合衬部位起泡脱胶	不允许	—

表5-8 洗涤干燥后接缝外观质量

项目	合格品	备注
洗涤干燥后接缝外观质量	≥3	只考核可水洗的产品

表5-9 与尺寸稳定性、外观保持性相关的标准

皂洗尺寸稳定性	AATCC 135—2004 机织物和针织物在家庭洗涤时的尺寸变化
	AATCC 150—2003 成衣经家庭洗涤后的尺寸变化

续表

皂洗尺寸稳定性	ISO 3759—2007 BS EN ISO 3759—2008 DIN EN ISO 3759—2008 NF EN ISO 3759—2008 纺织品　测定尺寸变化时织物和成衣式样的准备、标记和测量
	ISO 5077—2007 BS EN ISO 5077—2008 DIN EN ISO 5077—2008 NF EN ISO 5077—2008 纺织品　家庭洗涤及干燥后尺寸变化的测定
	ISO 6330—2000 BS EN ISO 6330—2001 DIN EN ISO 6330—2009 NF EN ISO 6330—2002 纺织品　纺织品测试采用的家庭洗涤和干燥程序
皂洗尺寸稳定性	CAN/CGSB—4.2 No. 58 - M2004 纺织品　家庭洗涤过程中纺织品的尺寸变化
	AS 2001.5.4—2005 纺织品测试方法　家庭洗涤及干燥后纺织品的尺寸变化
	GB/T 8628—2001 纺织品　测定尺寸变化时织物和成衣式样的准备、标记和测量
	GB/T 8629—2001 纺织品　纺织品测试采用的家庭洗涤和干燥程序
	GB/T 8630—2002 纺织品　家庭洗涤及干燥后尺寸变化的测定
	GB/T 8631—2001 纺织品　织物因冷水浸渍而引起的尺寸变化的测定
	FZ/T 20009—2006 毛织物尺寸变化的测定　静态浸水法
	FZ/T 80007.2—2006 使用黏合衬服装耐水洗测试方法
洗涤后外观	AATCC 124—2006 重复家庭洗涤后织物的外观
	AATCC 88B—2006 重复家庭洗涤后织物接缝平整性
	AATCC 88C—2006 重复家庭洗涤后织物折裥保持性
	AATCC 143—2006 重复家庭洗涤后成衣和纺织产品的外观

续表

洗涤后外观	ISO 7768—2009 纺织品　耐久压烫织物经家庭洗涤和干燥后外观的评定方法
	ISO 7770—2009 纺织品　耐久压烫织物经家庭洗涤和干燥后接缝外观的评定方法
	ISO 7769—2009 纺织品　耐久压烫织物经家庭洗涤和干燥后褶裥外观的评定方法
	ISO 15487—2009 纺织品　织物经家庭洗涤和干燥后外观的评定方法
	GB/T 13769—2009 纺织品　耐久压烫织物经家庭洗涤和干燥后外观的评定方法
	GB/T 13771—2009 纺织品　耐久压烫织物经家庭洗涤和干燥后接缝外观的评定方法
	GB/T 13770—2009 纺织品　耐久压烫织物经家庭洗涤和干燥后褶裥外观的评定方法
	GB/T19980—2005 纺织品　服装及其他纺织最终产品经家庭洗涤和干燥后外观的评价方法
蒸汽尺寸稳定性	ISO 3005—1978 纺织品　自由蒸汽引起的织物尺寸变化的测定
	BS 4323—1979（1995） 纺织品　自由蒸汽引起的织物尺寸变化的测定
	FZ/T 20021—1999 织物经汽蒸后尺寸变化试验方法
	FZ/T 20023—2006 毛机织物经汽蒸后尺寸变化率的测定　霍夫曼法
干洗尺寸稳定性	GB/T 19981.2—2005 纺织品　织物和服装的专业维护、干洗和湿洗 使用四氯乙烯干洗和整烫时性能试验的程序
	FZ/T 80007.3—2006 使用黏合衬服装耐干洗测试方法
	扭曲 AATCC 179—2004 织物和服装经过水洗之后的扭曲
	GB/T 19981.1—2005 纺织品　织物和服装的专业维护、干洗和湿洗
	GB/T 23319.1—2009 纺织品　洗涤后扭斜的测定
	GB/T 23319.2—2009 纺织品　洗涤后扭斜的测定
	FZ/T 20011—2006 毛针织成衣扭斜角的试验方法
	FZ/T 81006—2007 附录 B 牛仔服装

思考与练习：

1. 裁剪工艺有哪些管理制度？
2. 排料、拉布、裁剪、验片有哪些注意事项？
3. 车缝的品质管理要求有哪些？
4. 缝纫机使用时有哪些注意事项？
5. 成衣瑕疵有哪些？如何检验？如何分类？
6. 成衣尺寸检验有哪些标准和要求？

第六章　后期成品检验

学习目标：1. 掌握整烫的技术要求和质量要求；
　　　　　2. 熟悉后整理的检验项目；
　　　　　3. 熟悉包装的要求；
　　　　　4. 熟悉末期检验的步骤和方法。
学习重点：1. 成品后整理；
　　　　　2. 末期抽检。
学习难点：整烫技术的把握。

在全球经济一体化、信息传播与交流日益通畅的今天，服装作为时尚的前沿，必须紧跟世界潮流。消费者购买服装时，早已不是以耐穿为首选，取而代之的是对服装款式、色彩、流行等元素的要求。同时，对服装规格尺寸、面料成分的安全性、洗涤处理方法等方面的要求也提高了。

面对消费需求的不断变化，如何跟上时代的步伐，及时调整自身的技术及管理水准，成为服装企业亟须解决的首要问题之一。后期成品检验中，成衣检测是服装进入销售市场的最后一道工序，因而在服装生产过程中，起着举足轻重的作用。

一、整烫

1. 质量技术要求

整烫工艺要做到"三好、七防"：

① "三好"：整烫温度掌握好，平挺质量好，外观折叠好。

② "七防"：防烫黄、防烫焦、防变色、防变硬、防水渍、防极光、防渗胶。

2. 熨烫注意事项

①色织物在熨烫时应先进行小样试熨，以防发生色变。

②尽量减少熨烫次数，以防降低织物耐用性。

③熨烫提花、浮长线织物时，要防止勾丝、拉毛、浮纱拉断等。

④注意温度对面料的影响，对吸湿性大、难以熨平的织物，应喷水熨烫；对不能在湿态下熨烫的织物，应覆盖湿布熨烫。

⑤温度要适当，防止极光和炭化。

⑥烫台要平整，避免凹凸不平，要加覆湿布，防止产生亮光。

⑦压力不要过大，以防产生极光。

⑧薄织物湿度稍低，熨烫时间稍短；厚织物湿度稍高，熨烫时间稍长。

3. 对每一种面料都要研究出可行的整烫方法

如机织面料和针织面料的整烫方法不一样，有氨纶成分的面料和没有氨纶成分的面料也不一样，各种纤维的熨烫方式如表 6-1 所示。

表 6-1 不同纤维材料面料的熨烫方式

纤　维	熨烫温度/℃	熨烫方式
棉、麻	160~200	给水可适当提高温度
毛	120~160	反面熨烫
丝	120~140	反面熨烫，不能喷水

续表

纤　　维	熨烫温度/℃	熨烫方式
黏胶纤维	120~150	—
涤纶、锦纶、腈纶、维纶、丙纶	110~130	维纶面料不能用湿的烫布，也不能喷水熨烫；丙纶必须用湿烫布
氯纶	—	不能熨烫

4. 服装各部位的熨烫工艺质量要求（表6-2）。

表6-2　服装各部位的熨烫工艺质量要求

序号	部位名称	外观质量要求	工艺技术要求
1	双肩	无水	肩线要平整、对称
2	门、里襟	无极光	平整、圆润、丰满
3	侧缝	无绒面被烫硬	平直、丰满
4	后背	无配件被烫坏或压坏	圆润、平直不起吊
5	驳头	无皱褶、折痕	平直、不死板
6	领子	无变形	平服、有圆势
7	袖	无皱褶、折痕	袖窿圆顺、美观，袖山丰满
8	胸	无极光、无皱褶、无折痕	平服、整洁、胸部丰满
9	胖肚	无皱褶、折痕	平服、丰满、自然
10	臀	无皱褶、折痕	平服、整洁、臀部圆顺

注　胖肚即在上衣中（尤其是男西服）的腹部有收肚省的部位。

二、后整理

后整理的主要工作是去除污渍、清剪线头、修复疵点等，同时对褶皱、色差进行辨别，以保证成品质量。

1. 污渍

污渍的种类很多，要分清污渍性质，然后有针对性地选用不同的方式去除，否则会破坏面料成分及色泽。

①笔迹——违反规定使用钢笔、水性笔、油性笔编裁片号、工号、检验号。

②油渍——缝制时机器漏油；在车间吃油炸食物。

③粉迹——裁剪时没有清除划粉痕迹；缝制时用划粉定位。

④印迹——裁剪时没有剪除布头印迹。

⑤脏迹——生产环境不洁净，缝件堆放在地上；缝件转移时沾染；操作工

上岗前没有洗手。

⑥水印——色布缝件沾水色斑迹。

⑦锈迹——金属纽扣、拉链、搭扣质量差生锈后沾在缝件上。

对于粉迹、糨糊迹等较易去除的污渍只需用布擦拭即可。对于油污类、蛋白类等不易去除的污渍，则要选用合适的清除助剂。

2. 线头

①死线头——后整理修剪不净。

②活线头——修剪后的线头黏在成衣上，没有清除。

死线头用自动剪线机处理或手工剪去，活线头用手工（可借助透明胶等）粘去或用机器吸取都可。

3. 疵点、色差等其他后整理

根据问题的严重程度，修正或将成为不合格品。

①疵点超差——面料疵点多，排料时没有剔除，造成重要部位有疵点，次要部位的疵点超过允许数量。

②色差——面料质量差，编号出差错，缝制时对错编号，有质量色差没有换片。

③倒顺毛——裁剪排料差错；缝制小件与大件毛向不一致。

④扣位不准——扣位板出现高低或扣档不匀等差错。

⑤扣眼歪斜——锁眼工操作马虎，没有摆正衣片，造成扣眼横不平、竖不直。

⑥做反布面——缝纫工不会识别正反面，使布面做反。

⑦裁片同向——对称的裁片，由于裁剪排料差错，裁成一种方向。

⑧破损——修剪线头，返工拆线和洗水时不慎造成。

⑨脱胶——黏合衬质量不好；黏合时温度不够或压力不够、时间不够。

⑩起泡——黏合衬质量不好；烫板不平或没有垫烫毯。

⑪渗胶——黏合衬质量不好；粘胶有黄色，熨斗温度过高，使面料泛黄。

⑫套结不准——套结工没有按工艺要求摆正位置。

⑬钉扣不牢——钉扣机出现故障造成。

⑭四合扣松紧不宜——四合扣质量造成。

⑮叠衣不合格——没有按工艺要求（或客户要求）叠衣。

⑯衣、袋规格不符——包装工操作马虎，将成衣装错包装塑料袋。

⑰丢工缺件——缝纫工工作疏忽，忘记安装各种装饰袢、装饰纽或者漏缝某一部位，包装工忘了挂吊牌和备用扣等。

⑱装箱搭配差错——包装工工作马虎，没有严格按装箱单搭配装箱。

⑲箱内数量不足——打下的次品过多，没有合格品补足造成尾箱缺数。

⑳外箱箱唛印错——外贸部门提供的箱唛有错；生产厂家辨别英语出错。

三、包装

包装分为内包装和外包装。内包装指将一件或数件服装装入一个胶袋，服装的款号、尺码应与胶袋上标明的一致，包装要求平整美观。一些特殊款式的服装在包装时要进行特殊处理，例如扭皱类服装要以绞卷形式包装，以保持其造型风格。外包装一般用纸箱包装，根据客户要求或工艺单指令进行尺码、颜色搭配。包装形式一般有混色混码、独色独码，独色混码、混色独码四种。装箱时应注意数量完整，颜色尺寸搭配准确无误。外箱上刷上箱唛，标明客户、指运港、箱号、数量、原产地等，内容须与实际货物相符。

包装中应注意：

1. 用后道小胶袋包装时一定要将不同主标、不同尺码、不同颜色分类包装。在数量上通常以单件、单套为单位包装，以方便零售；或以5件、10件、6件、12件为单位进行包装，以方便分拨、计量、再组装。用中胶袋包装时要根据客人要求包装，这样才能避免混淆。

2. 折叠方法，注意常规折法和特殊折法的差异。一般折叠时要把服装的特色之处，款式的重点部位，特别是必须将服装的吊牌显示于可见位置。折叠要平服，而且应尽量减少折叠痕迹，以减轻消费者拆装后的整烫工作。为防止松脱，在适当的部位要用大头针或胶夹固定。为防止产品变形，可垫硬纸板或泡沫板。

3. 衣架的质量、类型、尺寸以及尺码夹等应符合要求。

4. 检查胶袋的材料（如小胶袋为OPP、中胶袋为PE）、尺寸大小、封口、容量及是否需要气孔。

5. 纸箱、防潮袋、防潮纸的质量、形状、尺寸，一般情况下，纸箱的品质应为3楞、7层箱、8mm厚，纸质要好。装箱后箱内不能没装满，也不能胖顶。对于一些需要防压的高档服装和远程运输的服装，则采用较坚固的板条箱和木箱。

6. 检查其他应有的包装材料。

7. 明确颜色、尺码的搭配比率和装箱方法，是单色单码装、单色混码装、混色单码装，还是混色混码装。要求箱唛内容与箱内实物相符，包括订单号、款号、主标、尺码、数量、配比、颜色都必须准确无误（表6-3）。

表 6-3 装箱单

客户				款号			
总箱数				总件数			
箱号	颜色	箱数	规格分配比例				每箱件数	合计
			S	M	L	XL		
1~18	黑（BLACK）	18	5	10	10	5	30	540
19~35	粉红（PINK）	17	5	10	10	5	30	510
36~42	粉红（PINK）	7	13	5	7	5	30	210
43~55	藏青（NAVY）	13	6	8	12	4	30	390
56~60	藏青（NAVY）	5	2	2	10	16	30	150
	白（WHITE）		5	10	10	5		
TOTAL		60						1800

制表：　　　　　　审核：　　　　　　签收：

四、末期检验

即在货物包装完毕（最少完成包装 80% 以上）或者出运前，要对货物进行最终检查。

末期检验的作用：避免退货和索赔的最后一个关口。

1. 资料准备

①准备齐全的资料和用品，包括：一切指示书，如尺寸表、包装资料、产前样或确认样及客户的样衣确认意见、验货报告、皮尺、数码相机等。

②AQL 检验标准，可接受品质水平 AQL 4.0。

③检验装箱单，检验装箱单并与订单核对，数量是否正确，尺码、颜色等搭配是否正确。

2. 检验步骤和方法

①抽取样品，根据最后抽样检验制度及程序，要求各款各色各码都必须抽检到。

②款式是否同确认样相同。

③服装上的尺寸唛、洗水唛、商标等与实际货物内容是否一致，位置是否正确。

④检查包装，如纸箱的尺寸和重量、纸箱落体试验（检验纸箱品质以及纸箱中货物和包装有无损失，常规毛重应控制在 23kg 以内），客户有要求的按客户的执行。

⑤箱唛和封箱。

⑥箱内成衣的包装。
⑦检查面料、辅料。
⑧检查成衣。
⑨检查尺寸。
⑩试穿衣服。
⑪统计疵点。
⑫检验结果的评估。
⑬重新检验（在没有通过检验的情况下）。
⑭检验报告，由检验员完成，经厂长签字后并存档。
制作检验报告的意义：
a. 对发现的问题加以研究，在以后的订单中加以解决；
b. 作为当客户提出品质异议的一种依据。

思考与练习：

1. 后期整烫有哪些技术要求和质量要求？
2. 后整理有哪些检验项目？
3. 后期包装要注意哪些事项？
4. 末期检验的步骤和方法有哪些？

第七章　服装品质成本控制

- 第一节　服装品质成本构成
- 第二节　服装品质成本控制

学习目标：1. 掌握服装品质成本的构成；
　　　　　　2. 了解服装品质成本的控制机制；
　　　　　　3. 掌握品质成本控制的实施方案。
学习重点：服装品质成本的控制方案。
学习难点：品质成本的理解。

任何一家盈利性的企业，它的最终目的就是要创造利润，利润越高，效益就越好。企业要生存、要发展，就必须不断采取各种科学措施降低成本，完善品质成本管理机能，这样才能提高自身的竞争力，保证在现今激烈复杂的市场竞争中立于不败之地。

第一节 服装品质成本构成

ISO 8402：1994 中对品质成本的定义是：为确保满意的质量而导致的费用以及没有获得满意的质量而导致的有形和无形的损失。那么，品质成本应该是企业生产总成本的一部分。根据定义，品质成本可分为两个部分：一部分是服装在生产加工活动中所消耗掉的材料费、加工费等，这类成本一般比较固定地在生产过程中消耗掉，称作服装生产耗费；另一部分是品质损失，是服装产品在生产过程中和生产后由于品质原因没满足规定要求而造成的损失，品质损失的高低更多的是取决于工作人员的技能、工作态度、工作方式等较主观的因素，因此品质损失在服装品质成本控制中具有更加重要的意义。

一、服装生产耗费构成

一般情况下，服装生产耗费主要由各种材料费、加工费、管理费等组成，见下表 7–1。

表 7–1 服装生产耗费

项目		占总耗费比例	备注
材料费	直接材料费 面、辅料	55%	
	间接材料费 包装材料、缝纫机针、机油、水电费等	5.5%	约占直接材料费的 10% 左右
加工费	直接人工费 生产员工工资	24.2%	约占材料费的 40% 左右
管理费	生产管理、物流管理等	5.3%	
其他费用	设备折旧费、厂房租赁费、培训费、劳保福利等	10%	

根据不同的生产企业，由于其产品的类型不同，上述所列项目和所占比例会有所不同，但材料费在生产成本中都是比例最高的，一般都在 60% 左右。当然现在工人工资也逐年提高，所占比例也越来越高。

对于服装的生产耗费，我们举个例子：如果一件上衣需要面料 1.4 米，每米30元，辅料需8元，按上述列表所示计算，那么这件上衣的生产耗费为90.9元。另外，这件上衣的间接材料费为5元，材料费总共为55元，加工费为22元，管理费和其他费用按占总耗费比例计算约为13.9元。

二、服装品质损失构成

服装的品质损失是指质量不符合要求而造成的损失，它包括有形的损失和无形的损失。有形的损失可以通过价值计算出具体损失多少，如废品损失、返修损失及销售中的包装修补、退货、处理等。这种有形损失比较常见，也是日常生产中时时刻刻要控制的。无形损失又分为两种，一种是指由于产品质量不好，影响企业的信誉度，致使产品不好销或订单减少。这种损失是巨大的，只要有一次，对企业的影响可能都是致命的，甚至导致企业破产。另一种就是过分追求高品质，也就是不顾产品本身的使用价值，制订过高的产品质量要求，造成材料和工作量的浪费。

第二节　服装品质成本控制

一、服装品质成本控制机制

1. 建立规范的成本控制制度

建立科学、规范的成本控制制度及监督小组，制订相应的规范和程序，确定成本控制的方向和目标，定期修订成本控制标准。也可以用成本计划指标、费用开支标准、费用支出限额、材料消耗定额以及每种产品和零部件的目标成本等来进行管理和控制。

2. 加强部门成本监督

从原材料采购，到产品设计、生产、后整理、库存，再到产品销售，品质成本控制贯穿于每一个环节。其中，降低采购成本是服装企业成本控制的关键和核心，既要满足产品原材料品质要求，又要"货比三家"，选择性价比高的。

3. 建立纠正成本偏差措施

对实际成本与标准成本的差异进行分析，查明原因，采取有效措施予以纠正，对可能产生的偏差采取积极的预防措施，以保证按成本控制标准开支各项生产费用，从而达到降低成本的预期目标。

4. 培养全员成本意识

服装企业的成本控制是非常重要的，它需要企业高层领导和员工共同来努力，绝非是某一部门、某一个人的事情，而是需要每个部门、甚至每个人的努力。我们要把生产成本控制措施落实到具体的人、具体的岗位、具体的事情上，做到人人肩上都有成本指标，并把成本控制与员工绩效考核挂钩，建立成本控制激励机制；管理部门也需要进行持续不断的监督等，这样就会使员工从各个方面自觉地把成本控制工作做到实处。

二、成本控制的具体实施

1. 产品开发阶段的成本控制

这一阶段品质成本的控制方式有：

①对产品设计进行功能成本分析，消除多余的功能及用途，严格控制产品开发阶段由于不顾产品本身的使用价值而带来的品质无形损失。

②对工艺方案进行技术、经济分析，在保证设计要求的前提下，采取最经济的方案。

③对物料消耗定额和工时消耗定额进行审核，保证其先进合理。制定目标成本，并用各种方法不断改进产品和工序设计，以最终使得产品的设计成本小于或等于其目标成本。

④记录、统计、比较分析设计的试制费用和周期，取消不合理的费用支出和时间花费，记录核算和控制设计的试制成本。在产品设计的阶段开始实施详细透彻的分析，避免或者减少在后续的开发设计流程中的无效劳动消耗，避免产品无谓的成本升高，使得成本控制与优化更具有实效性。

2. 材料采购成本控制

在服装生产耗费比例中，材料成本是比重最大的一项，所以材料成本是成本控制非常关键的一环。材料成本的控制主要包括两个方面，一是面、辅材料的数量控制，即降低材料消耗；二是对材料采购价格的控制。

①严格编制产品用料计划表，确定合理的采购数量

产品用料计划既是后面生产过程成本控制的依据，也是材料采购计划的依据。制订生产计划首先要确定生产需要。我国很多服装企业都是订单式生产，根据国外订单成批生产是常见的方式。在大量生产的组织形式下，服装企业的生产需要必须通过制订销售计划来确定生产投入，生产计划的编制和调整要依据销售计划来确定。确定生产需要后就可以制定产品用料计划，一是生产安

排，确定产品投产的数量、生产开始日期、产品完工日期、质量标准、流水安排等，并估算所需工时和生产成本；二是估算出产品生产所需要的材料数量、质量、规格以及具体时间，这就是产品用料计划，结合产品用料计划和企业库存状况就可以确定合理的采购数量。如果因特殊原因需要增补采购材料，应征得有关负责部门的审核同意后方才实施，并保存相关资料。

② 完善材料采购内部控制制度，确保采购价格合理

在材料采购中，尤其是用量较大的主料，要完善采购的内部流程，确保采购质量优良，价格合理。

采购部应至少对比三家供货商的价格，对于企业大宗采购的材料要及时掌握市场价格行情信息。谈价格的前提是必须保证品质，一般向正规厂家采购，避免中间商、小作坊的主动推销。对生产性价比较高的产品的厂家也可考虑长期合作，这样还可能争取更加优惠的价格。

另外，材料采购应避免"灰色地带"。不断提高采购部门及相关采购人员的工作素质，对材料采购严格把关。备存常年采购清单，成本控制监督部门及时了解面辅料市场行情。

3. 生产过程成本控制

①生产前要严格实行面辅料检验，面辅料检验详见第二章、第三章。材料的质量是很重要的品质成本控制内容，材料质量不过关，就会造成很多浪费和返工。因此，要严格控制材料质量。

②从裁剪分床方案、排料中寻求省料的方案，以达到品质成本的控制。

a. 裁剪分床方案

裁剪分床方案制定时，一般是同床多规格套排最为省料，每床件数越多越省料，因此从节约面料上来看，可尽量选择床数少的分床方案。

b. 排料

排料环节的技术要点在第五章也已讲述到，本章主要是从品质成本控制出发，再次强调省料。

● 规格大中小搭配，衣片大中小搭配，先排大衣片，再排小衣片，小衣片可以插到空隙里。

● 排列紧凑、减少空隙。

● 合理拼接。为了提高原料的利用率，在一些零部件的次要部位允许适当拼接。当然，对拼接部位、拼接的块数和拼接的丝缕都应按照有关的技术规定及穿着者的要求进行，不能任意增加拼接缝和改变拼接丝缕。

● 充分利用衣片的不同形状合理套排。如衣片中有凹势的曲线对合在一起，这样就能留出位置排其他衣片。

● 一般情况下，排料长度越长，有利于节省面料。一是长度长，有利紧密套排，二是减少段料损耗，铺料时头尾两边的损耗等就可以减小。当然，排料也不能太长，一是排料长度受裁床长度限制，二是排料越长，拉布难度越大。排料长度一般以6米为宜。

③在生产各个流程中，包括裁剪各程序、缝制各程序、整烫各程序及包装入库等各环节，都要严格控制好生产质量，建立品质控制系统，重视员工的工作技能和工作态度，这样可以减少废品、次品的损失。

④质检

质检中要严格控制服装的质量，一方面可以避免因不合格产品流到市场而影响企业的信誉度，进而造成品质成本的无形损失。另一方面就是通过严格质检，可以促进服装生产前续流程中的质量把关，还可以对生产质量起到监督、控制作用。

4. 质量事故处理

虽然对生产各个环节都进行严格管理控制，但不可能做到万无一失。当出现质量事故时，如采购材料质量问题、外发加工质量问题、出货后遭到客户投诉等，则应尽快制定相应的事故处理方案，该增补材料的应尽快增补材料，该返工的返工，该协商的赶紧协商，顾客合理索赔的也要赔。对于事故责任部门和责任人也应根据相关处理规定给予恰当处理，以警示他人，同时还应进一步改进管理，杜绝再次出现同类错误。

思考与练习：

1. 服装品质成本由哪几部分构成？
2. 服装生产耗费由哪些构成？
3. 什么是服装品质损失构成？
4. 简述服装品质成本控制的实施方案。

第八章　ISO9000管理应用

- 第一节　ISO标准简介
  - 第二节　ISO9000族标准的内容和构成
    - 第三节　ISO9000标准质量管理体系的建立和实施
      - 第四节　ISO9000族标准在服装行业领域中的应用

> **学习目标**：1. 了解ISO标准的产生，质量管理体系的特点、认证；
> 2. 了解ISO9000族标准的内容和结构；
> 3. 了解ISO9000标准质量管理体系的建立和实施。
> 4. 掌握ISO9000族标准在服装行业领域中的应用
>
> **学习重点**：ISO9000标准质量管理在服装企业的运作及质量体系标准的建立。
>
> **学习难点**：ISO9000标准质量体系的实施。

中国在生产成本方面虽有相对的优势，但随着出口成本的逐渐上升，以及低成本供应国的增多，以中低档为竞争力的中国服装，在全球化背景下将面临更多的挑战。中国服装企业导入ISO9000国际质量管理体系不仅是走向国际化的通行证，而且对强化自身管理、提高标准化程度、增强市场竞争力具有重要的作用和意义。

第一节　ISO 标准简介

一、ISO 标准的产生

ISO 是"国际标准化组织"的缩写，英文为 International Organization for Standardization，是世界上最主要的非官方国际标准化机构，成立于 1947 年 2 月 23 日，总部位于瑞士日内瓦。ISO 组织的目的是在世界范围内促进标准化及有关工作的开展，以利于国际贸易的交流和服务，并发展在知识、科学、技术和经济活动中的合作，以促进产品和服务贸易的全球化。ISO 组织制订的各项国际标准在全球范围内得到 150 多个成员国家和地区的认可。

ISO/TC176 技术委员会是 ISO 为了适应国际贸易往来中民品订货采用质量保证做法的需要而成立的，该技术委员会在总结和参照世界有关国家标准和实践经验的基础上，通过广泛协商，于 1987 年发布了世界上第一个质量管理和质量保证系列国际标准——ISO9000 系列标准，其核心是对管理活动的通用特性进行标准化。

二、2008 版质量管理体系标准特点

1. 标准具有广泛的适用性。ISO9001：2008 标准作为通用的质量管理体系标准可适用于各类组织，不受组织类型、规模、经济技术活动领域或专业范围、提供产品种类的影响和限制。

2. 改善了 ISO9000 系列标准与 ISO14000 系列标准的兼容性，从标准的结构、质量管理体系模式、标准内容、标准使用的语言和术语等方面显现出来。

3. 标准条款和要求可取舍，也就是各组织在采用新标准的过程中，可根据其质量管理体系的需求和应用范围对标准条款和要求做出取舍，删减不适用的标准条款。

4. 有效解决质量管理体系文件的可操作性，在质量管理体系文件的要求上做了简化，使得各组织可采用更灵活有效的方式构造其质量管理体系，也使各组织能以最少量的文件需求全面展示其对过程的有效策划、运行和控制。

三、ISO 认证的好处

由于 ISO9000 质量标准吸收了国际上先进的质量管理理念，采用 PDCA 循环的质量哲学思想，对于产品和服务的供需双方具有很强的实践性和指导性。所以，标准得到世界各国的普遍欢迎，到目前为止，世界已有 150 多个成员国家和地区成为 ISO 组织的成员。目前全球已有几十万家工厂企业、政府机构、服务组织及其他各类组织导入 ISO9000 并获得第三方认证。

公司通过取得 ISO9000 认证能带来如下好处：

1. 强调以顾客为中心的理念，明确公司通过各种手段去获取和理解顾客的要求，通过体系中各个过程的运作满足顾客要求甚至超越顾客要求，并通过测量顾客满意度来获取顾客的感受，以不断提高公司在顾客心中的地位，增强公司吸引力。

2. 明确要求公司最高管理层直接参与质量管理体系活动，从公司层面制定质量方针和各层次质量目标，最高管理层通过及时获取质量目标的达成情况以判断质量管理体系运行的绩效，直接参与定期的管理评审，掌握整个质量体系的状况，并及时对体系不足之处采取措施。

3. 明确各部门和层次人员的职责权限以及相互关系，并从教育、培训、技能和经验等方面明确各类人员的能力要求，以确保他们是胜任的，通过全员参与到整个质量体系的建立、运行和维持活动中，以保证公司各环节的顺利运行。

4. 明确控制可能产生不合格产品的各个环节，对于产生的不合格产品进行隔离、处置，并通过制度化的数据分析，寻找产生不合格产品的根本原因。通过纠正或预防措施防止不合格品发生或再次发生，从而不断降低公司发生的不良质量成本，并通过其他持续改进的活动来不断提高质量管理体系的有效性和效率，从而实现公司成本的不断降低和利润的不断增长。

5. 通过单一的第三方注册审核代替累赘的第二方工厂审查，第三方专业的审核可以更深层次地发现公司存在的问题，通过定期的监督审核来督促公司的人员按照公司确定的质量管理体系规范来开展工作。

6. 获得质量体系认证是取得客户配套资格和进入国际市场的敲门砖，也是目前企业开展供应链管理很重要的依据。

四、适用范围

ISO 9001：2008 标准为企业申请认证的依据标准，在标准的适用范围中明确此标准是适用于各行各业，且不受企业规模大小的限制。目前国际上通过认证的企业涉及国民经济中的各行各业。

五、申请认证的条件

组织申请认证须具备以下基本条件：
1. 具备独立的法人资格或经独立法人授权的组织；
2. 按照ISO9001：2008 标准的要求建立文件化的质量管理体系；
3. 已经按照文件化的体系运行三个月以上，并在进行认证审核前按照文件的要求进行了至少一次管理评审和内部质量体系审核。

第二节 ISO9000 族标准的内容和构成

一、ISO9000 族标准的内容

一般地讲，组织活动由三方面组成：经营、管理和开发。在管理上又主要表现为行政管理、财务管理、质量管理等。ISO9000 族标准主要针对质量管理，同时涵盖了部分行政管理和财务管理的范畴。ISO9000 族标准并不是产品的技术标准，而是针对管理结构、人员、技术能力、各项规章制度、技术文件和内部监督机制等一系列体现组织保证产品及服务质量的管理措施的标准。

具体地讲 ISO9000 族标准就是在以下四个方面规范质量管理：
1. 机构：标准明确规定了为保证产品质量而必须建立的管理机构及职责权限。
2. 程序：组织的产品生产必须制订规章制度、技术标准、质量手册、质量体系操作检查程序，并使之文件化。
3. 过程：质量控制是对生产的全部过程加以控制，是面的控制，不是点的控制。从根据市场调研确定产品、设计产品、采购原材料，到生产、检验、

包装和储运等，其全过程按程序要求控制质量。并要求过程具有标识性、监督性、可追溯性。

4. 总结：不断地总结、评价质量管理体系，不断地改进质量管理体系，使质量管理呈螺旋式上升。

二、ISO9000 族标准的八项质量管理原则

1. 以顾客为中心：组织依存于顾客，因此组织应该理解顾客当前和将来的需求，满足顾客要求并努力超越顾客的期望。

2. 领导的作用：领导者建立起组织统一的目标，方向和内部环境。员工能在他们创造的环境中充分参与组织目标的实现。

3. 全员参与：各级人员是一个组织的基础，他们的充分参与可使他们的能力得以发挥，使组织获最大收益。

4. 过程的方法：将相关资源和活动作为过程进行管理，会更有效地实现预期的目标。

5. 系统管理：针对设定目标，通过识别、理解和管理由相互关联的过程组成的系统，可以提高组织的效率和有效性。

6. 持续改进：持续改进是组织的永恒目标。

7. 基于事实决策：有效的决策基于对数据和信息的逻辑或知觉分析。

8. 与供方的互利关系：组织和供方的互利关系可提高双方创造价值的能力。

三、ISO9000 族标准的构成

1. ISO9000：2008 质量管理体系的基础和术语

此标准表述了 ISO9000 族标准中质量管理体系的基础知识，并确定了相关的术语。该标准取代了 ISO8402：1994 和 ISO9000－1：1994 的一部分。

标准首先明确了质量管理的八项原则是组织改进其业绩的框架，能帮助组织获得持续成功，也是 ISO9000 族质量管理体系标准的基础。标准还表述了建立和运行质量管理体系应遵循的 12 个方面的质量管理体系基础知识。

标准给出了有关质量的术语共 80 个词条，分成 10 个部分，并用较通俗的语言阐明了质量管理领域所用术语的概念。在提示的附录中，用概念图表达了每一部分要领中各术语的相互关系，帮助使用者形象地理解相关术语之间的关系，系统地掌握其内涵。

2. ISO9001：2008 质量管理体系的要求

标准规定了对质量管理体系的要求。组织可通过体系的有效应用，包括持续改进体系的过程、确保符合顾客的要求及符合法规的要求，增强顾客满意度。

此标准取代了 1994 版 ISO9001、ISO9002、ISO9003 三个质量保证模式标准，成为用于审核和第三方认证的唯一标准。它可作为组织内、外部评价使用，并提供满足组织自身要求和顾客、法律法规要求的产品的质量要求。由于组织及其产品的特点对此标准的某些条款不适用，可以考虑对标准中的要求进行删减，但是删减仅限于该标准中那些不影响组织提供满足顾客和适用法律法规要求产品的能力或责任的要求，否则不能声称符合此标准。

与 1994 版标准相比，标准的名称发生了变化，不再有"质量保证"一词，这反映了标准规定的质量管理体系要求除了产品质量保证之外，还旨在增强顾客的满意度。

标准应用了以过程为基础的质量管理体系模式的结构，鼓励组织在建立、实施和改进质量管理体系及提高其有效性时，采用过程方法，通过满足顾客要求增强顾客满意度。过程方法的优点是对质量管理体系中诸多单个过程之间的联系及过程的组合和相互作用进行连续的控制，以达到质量管理体系的持续改进。

3. ISO9004：2008 质量管理体系的业绩改进指南

此标准以八项质量管理原则为基础，帮助组织用有效和高效的方式识别并满足顾客和其他相关方的需求和期望，实现、保持和改进组织的整体业绩，从而使组织获得成功。

该标准提供了超出 ISO9001 要求的指南和建议，不用于认证或合同的目的，也不是 ISO9001 的实施指南。标准强调一个组织质量管理体系的设计和实施受各种需求、具体目标、所提供的产品、所采用的过程及组织的规模和结构的影响，不是统一质量管理体系的结构或文件。

标准也应用了以过程为基础的质量管理体系模式的结构，鼓励组织在建立、实施和改进质量管理体系及提高其有效性和效率时，采用过程方法，以便通过满足相关方要求来提高对相关方的满意程度。

标准还给出了自我评价和持续改进过程的示例，用于帮助组织寻找改进的机会；通过 5 个等级来评价组织质量管理体系的成熟程度；通过给出的持续改进方法，提高组织的业绩并使相关方受益。

4. ISO19011：2002 质量和环境管理体系审核指南

标准合并了 1994 版 ISO10011 - 1《质量体系审核指南　第一部分：审核》、ISO10011 -2《质量体系审核指南　第二部分：质量体系审核员的评定准则》、ISO10011-3《质量体系审核指南 第三部分：审核工作管理》三个分标准，并取代了 1996 版的 ISO14010《环境审核指南 通用原则》、ISO14011《环境审核指南 审核程序环境管理体系审核》和 ISO14012《环境审核指南 环境审核员资格要求》。遵循"不同管理体系可以有共同管理和审核要求"的原则，该标准对于质量管理体系和环境管理体系审核的基本原则、审核方案的管理、环境和质量管理体系审核的实施以及对环境和质量管理体系审核员的资格要求提供了指南。它适用于所有运行质量和环境管理体系的组织，指导其内审和外审的管理工作。

该标准在术语和内容方面，兼容了质量管理体系和环境管理体系的特点。在对审核员的基本能力及审核方案的管理中，均增加了了解及确定法律和法规的要求。该标准于 2001 年正式发布。

其中《ISO9001：2008 质量管理体系要求》是认证机构审核的依据标准，也是企业认证的标准。

第三节 ISO9000 标准质量管理体系的建立和实施

推行 ISO9000 标准的工作方法的方法称为"五段十五步"，此方法可结合企业具体情况做相应的调整。

一、培训起步，职能分工

1. 培训起步

①全员 ISO9000 基础知识培训。

②骨干培训。

③文件编写技能培训。

2. 建立组织

①领导小组——ISO9000 委员会。

推行 ISO9000，领导是关键，企业领导应作正确决策，并积极带头参加这项工作。

②工作机构——品管部。

为了推行 ISO9000，公司应成立专门工作机构并作为一个办事核心负责在全公司推行 ISO9000 组织协调工作。

③管理者代表

公司应按标准要求任命管理者代表。

3. 系统调查—诊断

①进行诊断，以达到预期的管理目标。

②诊断的依据。

a. 质量体系标准。

b. 合同。

c. 本单位的基本规定、规程。

d. 社会或行业有关法规。

③实施诊断的人员。

实施诊断的人员可以是公司内部的人员，也可以是公司委托的外部机构，如咨询机构的人员等。

④诊断工作实施。

⑤提交诊断报告。

4. 职能分工—体系设计

①制订质量方针。

②明确管理者代表主要责任。

③设计调整组织机构。

④质量体系标准的删减。

⑤确定新体系中文件结构。

二、编写文件、试点运行

1. 编写文件

①列出需编写的文件清单。

②明确哪些旧文件作废、哪些保留。

③分配文件编写任务。

④起草文件。

⑤文件讨论。

⑥文件批准生效。

2. 试点运行

①体系提交。

②培训、宣传。

③其他配套工作。

④试运行。

三、内部审核、正式运行

1. 内部审核、管理评审

①至少进行一次内部审核,组织制订审核计划、审核清单、审核报告、不合格项的跟踪和监督等,有关活动记录和文件应保存完好,以便以认证检查。

②至少安排一次管理评审,以评价新体系的有效性和适用性,同时积累一次管理评审活动记录,评审按程序文件要求进行。

2. 正式运行

通过内部审核、管理评审,对体系文件中不切合实际或规定不合适之处进行及时修改。在一系列修改后,发布第二版质量手册、程序文件并正式运行。

四、模拟审核,准备认证

1. 为了减少认证一次通过可能存在的某种风险,在由第三方正式审核之前,可以由内部审核组成类似的外部机构进行一次模拟审核或请已确认的认证机构进行预审。

2. 企业应本着对自己有利的观点选择认证机构,一般应从以下几个方面考虑。
①客户要求。
②企业所在地区,在选择认证机构时应在原则上就近就便。
③认证机构的认证范围和有效性。
④费用,正常认证收费和交通、食宿等其他费用。

五、正式审核,体系维持

1. 接受所选择的认证机构的正式审核

2. 体系维持与提高

①检查现场中的问题,不断进行改进和巩固。
②进一步完善体系文件,加强协调监督工作。
③定期开展内部质量审核和管理评审。

第四节 ISO9000族标准在服装行业领域中的应用

中国加入世界贸易组织以来,劳动密集型的中小出口服装生产企业拥有了良好的竞争环境和更广阔的市场。新的发展机遇同时也带来新的挑战,国际市场竞争规则——公平贸易迫使企业必须坚持以质取胜的竞争战略,而通过ISO9000认证则是企业保证产品质量的有效途径。

一、服装企业引入 ISO9000 管理有助于改善企业现存的问题

近年来,纺织服装业的不景气除受外部大环境的影响外,企业内部运作也存在着问题,如表8-1所示。

表8-1　我国纺织服装企业现存的主要问题

问　题	原　因
管理问题	管理人员缺乏现代管理意识,常以口头代替书面或以极不规范的书面方式对下级布置工作,无档可查,以致经常引出各种问题,无法分清责任
不能按时交货	事先未确定是否有足够能力、条件或时间完成订单就匆匆接单,以致影响交货期
高次品率	在生产过程中没有适当的生产管制、查验机械故障及员工技术不熟练等
存货混乱	半制成品在搬运及储存期间没有适当标签或指示不明确
错误重复出现	公司出现问题后,未能真正检查问题出现的原因,制订纠正措施并加以记录,以重犯同样的错误。另外缺乏书面的工作流程,新手上岗后,靠口头交接的工作流程或自行摸索开展工作,导致重犯同样的错误
单证、文件管理混乱	所有单证、文件存档不善,缺乏存档记录,甚至不存档,以致单证、文件丢失,造成单证逾期,索赔增加

所有这些问题均导致企业难于提高管理水平、提高市场竞争能力,难以提高企业的经济效益,严重制约企业面对市场的挑战。因此,企业必须尽快寻求科学的方法加以改善,而ISO9000质量体系包含了以下要素(表8-2)。

表8-2　ISO9000质量体系要素

要　素	要　求
管理责任	管理层对质量体系要全力投入,以书面形式制订质量方针,由最高领导签署,使各层次员工充分理解、严格执行。职责和权权要分明
文件及资料控制	所有文件及资料要存档,以方便查找文件。员工执行下达的工作任务时应能读到相关的有效版本的文件,文件发出前应进行审批

续表

要素	要求
采购	采购单准确、详细、无误以保证一次购买成功,对其正确性要进行审查批准
产品标识和可追溯性	产品有批次、形式、等级等方面的识别,以保证不交付有问题的产品,同时出现问题可以追溯
不合格品的控制	以文字方式制订各项工作的全部操作说明,并加以保存
工作流程管制	控制内容包括:识别文件、评价、分隔、处理和通知有关部门次品审查情况并提出处置办法
纠正及预防措施	包括纠正现存问题,防止现存问题再发生。要求建立有效的可执行的文件化的质量体系,对满足质量要求的方法形成文件规定,并保证这些措施在短期和长期内均有效
处理、储存、包装和付运	制订工作流程以维护产品的稳定,包括进出仓库均要由专人负责
品质记录	对得到客观证明的、满足客户要求和标准的品质记录须清晰易懂,妥善存档,检索方便,同时规定保存期限
培训	对员工进行岗位培训,确保各岗位人员具备合格的工作条件,制定培训实施计划,评定培训结果,保存培训记录
统计技术	建立文件化的制度以实施统计技术
合同评审	对所有合同订单实行评审,保存评审记录,保证合同有效进行

从表中不难看出管理责任、文件管制、品质记录和培训可以解决管理问题,合同评审、采购和工作流程管制可以解决按时交货问题;工作流程管制、检验、不合格产品管理、品质记录、机器维修校正及员工培训,可以解决高次品率问题;处理、储存、包装及付运、产品鉴别及追溯性,可以解决库存混乱问题;处理、储存,包装和付运与产品标识和可追溯性可以解决单证、文件管理混乱问题;而管理责任、品质记录、工作流程管制、统计技术及纠正措施则可以避免重犯同样的错误。在推行ISO9000质量体系认证的过程中,质量体系的建立将会对纺织服装企业普遍存在的问题加以制约。

二、服装企业全面运作过程

服装企业大多数是以产品加工制造为主的劳动力密集型企业,产品周期短,批量小,交货快,给管理带来一定的难度。因此,服装企业要实施

ISO9000 品质保证体系，首先要建立和健全企业的各项制度，保证企业生产的正常运行。

1. 服装企业的组织结构

组织工作是管理工作的一个有机组成部分。组织工作指的就是管理者所开展的组织行为、组织活动过程。组织工作的重要内容就是进行组织结构的设计与再设计，管理者在组织中开展组织工作的结果就形成了一种体现分工和协作关系的框架，这种框架通常称作组织结构（图8-1）。

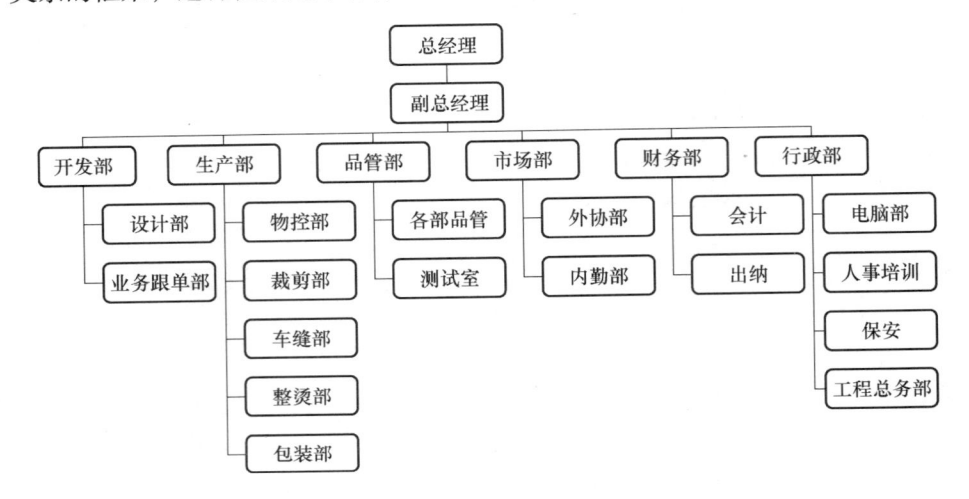

图8-1 服装企业组织结构图

组织设计，概括地说，就是对企业开展工作、实现目标所必需的各种资源进行安排，以便在适当的时间、适当的地点把工作所需的各方面力量有效地组合到一起的管理活动过程。其原则如下。

①专业化原则。

②职权和责任对等原则。

③岗位分解合理原则。

④有效的管理层次与管理幅度原则。

⑤管理层次分工明确原则。

2. 服装生产品质控制总流程

服装企业为了适应市场结构的变化，满足不同层次消费的要求，在激烈的市场竞争中立于不败之地，最关键的是制定企业卓有成效的品质控制流程（图8-2）。服装品质控制流程明确了质量管理体系所需的过程，并确定了这些过程的前后顺序和相互作用。

3. 服装企业运作过程需遵循的原则

①决策阶段：少数服从多数的原则。

企业就不同的实施方案必须做出一种判断或决断，目的是尽可能快地进入

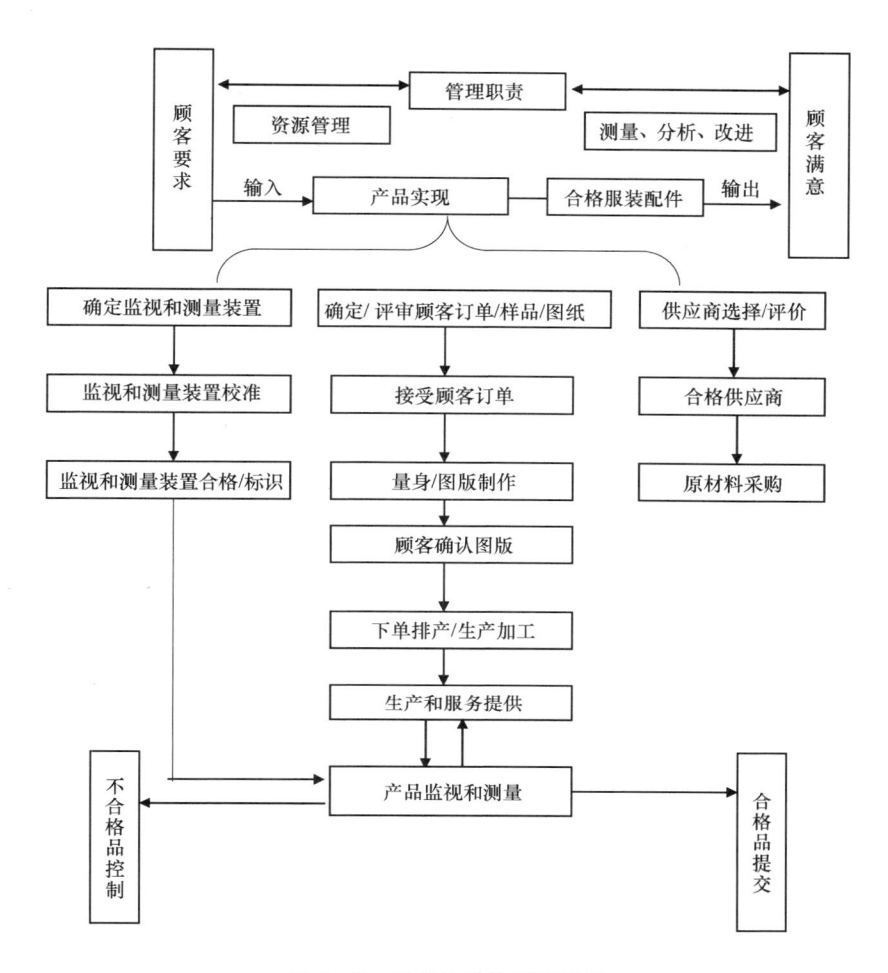

图8-2 服装品质控制流程图

实施阶段。目标的实现是团队配合的结果，这种结果需要多数人的密切配合。所以就企业中发生的问题或提出的方案进行选择时，企业应该遵循多数人的意见。这样做有以下优势。

a. 风险涉及面比较多，可以有效地降低风险。

b. 增强科学决策的意识，实现民主决策。

c. 有利于方案的执行与监督。

d. 有利于实施结果的及时总结与改进。

②执行阶段：下级服从上级的原则。

执行过程是在方案被采用后的实施阶段，在这个阶段中，由于多数人同意方案的执行，因此执行过程中出现的问题可能不会太多，但并不是说没有。其实在企业的运作中，不论采用什么样的方案，其实都很难达到完全上的一致，对于出现这种情况，企业内部员工需要有一定的修养，这种修养其实就是一个人的职业道德和个人品质。对于自己反对的提案，在经过批准后，个人必须无

条件地服从。这一点必须严格要求。对于在执行过程中出现的分歧应该尽可能地采用下级服从上级的原则,这样做具有以下优点:

a. 决策方案的可持续性。
b. 增强中层管理者的责任与权力。
c. 逐步实施逐级上报的程序,对企业管理的下一步工作有着重要作用。

③总结阶段:理论服从实践的原则。

企业存在的主要目的是发展,而发展的前期属于企业求生存阶段,其实在企业发展的各个阶段中,企业都应该以理论服从实践为原则。方案决策没有对与错,但是执行方案的结果却有对与错之分,企业应该有自身改进的能力。在执行完毕后,应该及时做总结,以验证早期决策的方案是否准确,从而影响以后的企业决策。理论服从实践的原则具有以下优点:

a. 对决策方案进行评估。
b. 对决策者的意识产生深层次的影响。
c. 有利于培养权威。

三、服装企业 ISO9000 质量体系

ISO9000 质量体系要清楚、简要地表达企业的各种信息,表达各部门的工作实况,便于管理人员了解、掌握工作进度和产品的质量表现,从而做出客观的分析和理智的决定。

1. 质量方针

如不合格品绝不出厂;顾家的满意度是检验质量的唯一标准等。

①在制作每件服饰的过程中,都严格按照国家有关的产品质量标准。严把质量关,对产品质量实行自检——车间互检——质检专检,确保所提供的产品在按照相关法律法规要求前提下,以顾客要求为中心,力求每件产品都让顾客满意。

②根据顾客提供的图纸或样品对款式进行开发,所制作的效果图必须经顾客确认满意后方可组织生产,同时在批量生产前对产前板严格进行确认,确保符合顾客的要求,并在产品价格方面也力求让顾客满意,通过压缩企业内部成本提高工作效率并确保在价格方面得到顾客的持续满意,通过改进产品流程和完善设备模具,降低产品在公司内部的处理时间,确保在交付使用时得到顾客的持续满意。

③通过上述几个方面的持续改进,以顾客满意为公司发展的最高追求和目标,全员齐心协力,为企业赢得更多的顾客,占领更大的市场,持续增强顾客

满意度。

2. 质量目标

①总质量目标（表8-3）。

表8-3 总质量目标

设计	指标	测量方法	测量频次
顾客满意度	≥	满意顾客数/调查回收的总顾客数×100%	一次/年
开箱合格率	≥	开箱合格件数/销售总数×100%	一次/月

②分质量目标（表8-4）

③根据ISO9000质量体系建立的职能分配表（表8-5）。

表8-4 分质量目标

部门	设计	指标	测量方法	测量频次
办公室	文件失控率	≤3%	文件失控份数/体系文件总数×100%	1次/季度
运行部	客户信息反馈有效及时处理率		有效及时处理次数/季度投诉总次数	1次/季度
	出货准确率			
财务部	培训合格率	≥98%	合格人数/培训总人数×100%	培训合格率
技术部	量身差错率		量身出错设计/量身总设计×100%	
	纠正预防措施如期完成率		如期完成数/措施总数×100%	1次/季度
设计部	样板图准确率		样板图准确次数/制作总次数×100%	
采购部	原材料采购合格率	≥95%	合格批次/采购总批数×100%	一次/月
	原材料退货率			
	原材料交付及时率			
业务部	有效订单执行率			
	订单更改率	≤2%	更改订单的次数/月度订单总数	1次/月
	备注		订单更改指因组织原因导致的更改	
厂部	成衣合格率	≤0.5%	返工数量/生产总数×100%	1次/月
	生产计划达成率			
厂部品管	检验设备失控率	100%	实际抽检的产品批数/应抽检的批数×100%	1次/月
生产车间	裁片合格率		裁片合格数量/裁片总数量×100%	
	备注		以车间质检员验收结果为准	
	车缝返工率	≤3%	车缝返工次数/车缝总件数×100%	
	备注		以车间质检员验收打回数量为准	
	设备故障发生率	≤0.5%	设备故障发生占用时间/设备运行总时间×100%	一次/月
厂部仓库	原材料发料准确率	≥98%	发料准确次数/发料总次数×100%	一次/月
	备注		发料准确包括发料的颜色、数量、性质（例如是面料还是毛料、纤维等）	

表8-5　根据ISO9000质量体系建立的职能分配表

ISO9001标准要求		职能部门	领导层	管理者代表	业务部	公司办	运行部	设计部	采购部	财务部	技术部	厂办	品管	仓库	生产车间	板房
4 质量管理体系	4.1 总要求		★	☆	☆	☆	☆	☆	☆	☆	☆	☆	☆	☆	☆	☆
	4.2.1（文件要求）总则			★	☆	☆	☆	☆	☆	☆	☆	☆	☆	☆	☆	☆
	4.2.2 质量手册			★												
	4.2.3 文件控制		☆	☆	☆	★	☆	☆	☆	☆	☆	☆	☆	☆	☆	☆
	4.2.4 记录控制			☆	☆	★	☆	☆	☆	☆	☆	☆	☆	☆	☆	☆
5 管理职责	5.1 管理承诺		★	☆	☆	☆	☆	☆	☆	☆	☆	☆	☆	☆	☆	☆
	5.2 以顾客为关注焦点		★	☆	☆	☆	☆	☆	☆	☆	☆	☆	☆	☆	☆	☆
	5.3 质量方针		★	☆	☆	☆		☆	☆	☆	☆	☆	☆	☆	☆	☆
	5.4.1 质量目标		★	☆	☆	☆	☆	☆	☆	☆	☆	☆	☆	☆	☆	☆
	5.4.2 质量管理体系策划		★	★	☆	☆	☆	☆	☆	☆	☆	☆	☆	☆	☆	☆
	5.5.1 职责和权限		☆	☆	☆	☆	☆	☆	☆	☆	☆	☆	☆	☆	☆	☆
	5.5.2 管理者代表		★	★	☆	☆	☆	☆	☆	☆	☆	☆	☆	☆	☆	☆
	5.5.3 内部沟通		★	☆	☆	☆	☆	☆	☆	☆	☆	☆	☆	☆	☆	☆
	5.6 管理评审		☆	☆	☆	★	☆	☆	☆	★	☆	☆	☆	☆	☆	☆
6 资源管理	6.1 资源提供		☆	☆	☆		☆		☆	☆		☆	☆	☆	★	☆
	6.2 人力资源		☆	☆	☆	★	☆	☆	☆	☆	☆	☆	☆	☆	☆	☆
	6.3 基础设施 办公设施		☆	☆	☆		☆		☆	☆	☆	☆	☆	☆	☆	
	生产设施		☆	☆	☆		☆	☆	☆	☆	☆	☆	☆	☆	★	☆
	6.4 工作环境 办公环境		☆	☆	☆		☆	☆	☆	☆	☆	☆	☆	☆	☆	☆
	生产环境		☆	☆	☆		☆	☆	☆	☆	☆	☆	☆	☆	★	☆

续表

职能部门 ISO9001标准要求		领导层	管理者代表	业务部	公司办	运行部	设计部	采购部	财务部	技术部	厂部				
											厂办	品管	仓库	生产车间	板房
7 产品实现	7.1 产品实现策划	☆	☆	☆						★	☆	☆	☆	☆	☆
	7.2 与顾客有关的过程	☆		★		☆	☆			☆		☆	☆	☆	☆
	7.3 设计和开发	☆	★	☆			★	☆		☆	☆		☆	☆	☆
	7.4 采购		★					★		☆	☆	☆	☆	★	☆
	7.5.1 生产和提供的控制			☆		☆				☆	☆	☆	☆	★	★
	7.5.2 生产和提供过程的确认			☆						☆	☆	☆	★	★	☆
	7.5.3 标识和可追溯性			☆						☆		★	☆	☆	☆
	7.5.4 顾客财产	不适用, 删减													
	7.5.5 产品防护			☆	☆	☆	☆	☆	☆	☆	☆	★	★	☆	☆
	7.6 监视和测量装置的控制	☆	★	☆	☆	☆	☆	☆	☆	★	☆	★	☆	★	☆
8 测量分析和改进	8.1 总则	☆	☆	☆	☆	★	☆	☆	☆	☆	☆	☆	☆	☆	☆
	8.2.1 顾客满意	☆	★	☆	☆	☆	☆	☆	☆	☆	☆	☆	☆	☆	☆
	8.2.2 内部审核	☆	★	☆	☆	☆	☆	☆	☆	★	☆	★	☆	☆	★
	8.2.3 过程的监视和测量			☆	☆	★	☆	☆	☆	☆	☆	★	☆	☆	☆
	8.2.4 产品的监视和测量			☆	☆	☆	☆	☆	☆	★	☆	★	☆	☆	☆
	8.3 不合格品控制	☆		☆	☆	★	☆	☆	☆	☆	☆	★	☆	☆	☆
	8.4 数据分析	☆	★	☆	☆	☆	☆	☆	☆	☆	☆	★	☆	☆	☆
	8.5.1 持续改进	☆	☆	☆	☆	☆	☆	☆	☆	★	☆	★	☆	★	☆
	8.5.2 纠正措施	☆	☆	☆	☆	☆	☆	☆	☆	★	☆	★	☆	☆	☆
	8.5.3 预防措施	☆		☆	☆	☆	☆	☆	☆	★	☆	★	☆	☆	☆

注 ★—主管部门; ☆—配合部门。

思考与练习：

1. ISO 标准有哪些特点？
2. ISO 认证有哪些好处？
3. 简述 ISO9000 族标准的内容和构成。
4. 简述 ISO9000 标准质量管理体系的建立和实施。
5. 简述服装企业引入 ISO9000 质量管理体系的必要性。
6. 服装企业运作过程需遵循的原则有哪些？
7. 简述服装企业 ISO9000 质量管理体系的方针与目标。

第九章　7S管理应用

- 第一节　7S概述
 - 第二节　7S的内容
  - 第三节　推行7S的步骤

学习目标：1. 了解7S的概述、起源；
　　　　　2. 了解推行7S的好处；
　　　　　3. 掌握7S的内容；
　　　　　4. 掌握7S的推行步骤。
学习重点：7S在服装行业的推行。
学习难点：7S的实施到位。

在品质活动中，7S 堪称为最基础的管理项目。我们常常将脏乱和品质低下、管理落后联系在一起，如果能将 7S 的精髓和做法，付诸行动，并强化于员工的品质意识中，从而使企业彻底消除脏乱，员工养成认真、规范的好习惯，定能使企业打下坚实的管理基础，从而提升企业的竞争实力。

第一节　7S 概述

一、7S 概念

7S 就是整理（Seiri）、整顿（Seiton）、清扫（Seiso）、清洁（Seiketsu）、素养（Shitsuke）、安全（Safety）、节约（Save）七个项目，因单词均以"S"开头，简称 7S。

7S 起源于日本，通过规范现场、现物，营造一目了然的工作环境，培养员工良好的工作习惯，其最终目的是提升人的品质。

1. 革除马虎之心，养成凡事认真的习惯（认认真真地对待工作中的每一件"小事"）。
2. 遵守规定的习惯。
3. 自觉维护工作环境整洁明了的良好习惯。
4. 文明礼貌的习惯。

二、7S 的起源

7S 管理理论起源于日本。1955 年，日本企业针对地、物，提出了整理、整顿 2 个 S。后来因管理的需求及水准的提升，陆续增加了其余的 3 个 S，从而形成了目前主泛推行的 5S 架构，也就是"整理、整顿、清扫、清洁、素养"的罗马拼音发音的第一字母"S"，统称 5S。同时，也使管理的重点由环境品质扩大至人的行为品质，使企业在安全、卫生、效率、品质及成本方面得到较大的改善。

5S 进入我国后，海尔公司引进"安全（Safety）"一词，发扬成为"6S"管理理论。之后，6S 管理理论被越来越多的国际大公司采用，"6S"管理针对企业中每位员工的日常行为提出了具体的要求，倡导从小事做起，力求使每位员工都养成事事"讲究"的习惯，从而创造出一个干净、整洁、舒适、合理的工作场所。通过开展"6S"活动，在全员的共同努力下，实现公司物质、资源的有效管理，突出对物流的管理及工作现场的管理，保持企业环境的干净整洁，物品摆放得有条不紊、一目了然，最大限度地提高工作效率和员工士气，并将资源浪费降到最低点。

前几年有人又在6S的基础上，提出7S，增加了"节约（Save）"，并逐步得到推广。现在还有人提出8S，但其真谛是一致的，只是不同的企业，有不同的强调重点：

6S：①5S + Safety(安全)。

②5S + Shiukanka(习惯化)。

7S：①6S + Save(节约)。

②6S + Sarvice(服务)。

8S：5S + Speed(效率) + Simple(简化程序) + Software(软件设计及运用)。

三、推行7S的好处

一个企业若要实现"一流的员工、一流的产品、一流的企业"的目标就要从根本上规范现场、提升人的品质。而推行7S则是改变现场、提升人的品质的最有效手段。否则，即使拥有世界上最先进的工艺或设备，如不对其进行有效管理，也不可能成为一流的企业。7S管理不仅有效地解决了这个问题，还是其他管理活动展开的基石，是TPM（全面生产管理）的前提，是TQP（全面品质管理）的第一步，也是ISO2000有效推行的保证。

参观日本工厂的第一感觉就是特别清洁、有序，不论是办公场所还是车间、储物仓库，从地板、墙面到天花板，均是亮亮堂堂、整洁无比。员工工作节拍紧凑，士气高昂。

一家工厂留给客人或参观者前15分钟的最初感觉和印象会是最深刻的，假如客人进入工厂的第一感觉是工作步调紧凑，工作态度严谨，员工士气高昂，任何东西都整整齐齐、井然有序，那么客人一定对其产品的品质相当放心。假如客人一进入工厂的大门就看到车辆停放零乱，四周杂乱不堪，踏入办公室时，每个人的办公桌上亦零乱不堪，满地垃圾，洗手间也奇臭难闻，那么客人必定打心底里怀疑工厂的管理力，对其产品的品质更是没有信心，哪还有下订单的勇气呢？

近几年来环境品质已引起国内不少企业的重视，例如远大集团的张剑说："好环境能够潜移默化，如果我们什么地方都注意细节，就会影响员工的态度，影响品质的控制，所以环境本身也是一种生产力。"但相当一部分工厂还是困惑忙乱，无从下手，不知如何才能使客人有信心、员工有归属感，才能创造一流企业的形象。其实追根究底，都是因为不重视6S或实施不彻底。

7S 的好处可归纳为五大效用：即：Sales（推销）、Saving（节约）、Safety（安全）、Standardization（标准化）、Satisfactions（满意）

1. 7S 是最佳推销员（Sales）

①被顾客称赞为干净整洁的工厂、对这样的工厂有信心，乐于下订单乐于口碑相传，会有很多人来工厂参观学习。

②整洁明朗的环境，会使大家希望到这样的工厂工作。

2. 7S 是节约家（Saving）

①降低很多不必要的材料以及工具的浪费。节省很多宝贵的时间。

②能降低工时，提高效率。

3. 7S 对安全有保障（Safety）

①宽广明亮，视野开阔的职场。遵守堆积限制，危险处一目了然。

②走道明确，不会造成杂乱情形而影响工作的顺畅。

4. 7S 是标准化的推动者（Standardization）

①"3 定"、"3 要素"原则规范现场作业，大家都正确地按照规定执行任务。"3 定"、"3 要素"将在第二节内容中详细讲述。

②程序稳定，带来品质稳定，成本也安定。

5. 7S 形成令人满意的职场（Satisfaction）

①明亮、清洁的工作场所。员工动手做清洁，改善环境卫生，有成就感。

②造就现场全体人员改善职场环境的气氛。

第二节　7S 的内容

一、整理

1. 内容

①将工作场所任何东西区分为有必要的与不必要的。

②把必要的东西与不必要的东西明确地、严格地区分开来。

③不必要的东西要尽快处理掉。

2. 目的

①改善和增加作业面积。

②现场无杂物，通道畅通，提高工作效率。

③减少磕碰的机会，保障安全，提高质量。

④消除管理上的混放、混料等差错事故。
⑤有利于减少库存量，节约资金。
⑥改变作风，提高工作效率。

生产过程中经常有一些残余物料、待修品、待返品、报废品等滞留在现场，既占据了空间又阻碍了生产，包括一些已无法使用的夹具、量具、机器设备，如果不及时清除，会使现场变得凌乱。

生产现场摆放不用的物品是一种浪费。

a. 即使宽敞的工作场所，也会变窄小。

b. 棚架、橱柜等被杂物占据而减少使用价值。

c. 增加了寻找工具、零件等物品的困难，浪费时间。

d. 物品杂乱无章的摆放，增加盘点的困难，成本核算失准。

3. 注意点
要有决心，不必要的物品应断然地加以处置。

4. 实施要领
①对自己的工作场所（范围）进行全面检查，包括看得到的和看不到的。
②制定"要"和"不要"的判别基准。
③将不要物品清除出工作场所。
④对需要的物品调查使用频度，决定日常用量及存放位置。
⑤制订废弃物处理方法。
⑥每日自我检查。

二、整顿

1. 内容
①物品摆放要有固定的地点和区域，以便寻找，消除因混放而造成的差错；
②物品摆放地点要科学合理；
③物品摆放要目视化，将摆放的区域加以标示区别。

2. 目的
①工作场所一目了然。
②整整齐齐的工作环境。
③消除过多的积压物品。
④通过整顿以便用最快的速度取得所需物，在最有效的规章、制度和最简捷的流程下完成作业。
⑤提高工作效率和产品质量，保障生产安全。

3. 注意点

这是提高效率的基础。

4. 实施要领

①前一步骤整理的工作要落实。

②流程布置，确定放置场所。

③规定放置方法、明确数量。

④划线定位。

⑤场所、物品标识。

5. 整顿的"3要素"

场所、方法、标识

①放置场所：

a. 物品的放置场所原则上要100%设定。

b. 物品的保管要定点、定容、定量。

c. 生产线附近只能放真正需要的物品。

②放置方法：

a. 易取。

b. 不超出所规定的范围。

c. 在放置方法上多下工夫。

③标识方法：

a. 放置场所和物品原则上要一对一表示。

b. 现物的表示和放置场所的表示。

c. 某些表示方法全公司要统一。

d. 在表示方法上多下工夫。

6. 整顿的"3定"原则

①定点：放在哪里合适。

②定容：用什么容器。

③定量：规定合适的数量。

三、清扫

1. 内容

①将工作场所清扫干净。

②保持工作场所干净、亮丽。

2. 目的

①清除脏污，保持职场内干干净净、明明亮亮。

②稳定品质。
③减少工业伤害。
3. 注意点
责任化、制度化
4. 实施要领
①建立清扫责任区（室内、外）。
②执行例行扫除，清理脏污。
③调查污染源，予以杜绝或隔离。
④建立清扫基准，作为规范。

四、清洁

1. 内容
将上面的 3S 实施的做法制度化、规范化，并贯彻执行及维持结果。
2. 目的
维持上面 3S 的成果。
3. 注意点
制度化，定期检查。
4. 实施要领
①落实前面 3S 工作。
②制订考评方法。
③制订奖惩制度，加强执行。
④高层主管经常带头巡查，以表重视。

五、素养

1. 内容
通过晨会等手段，提高全员文明礼貌水准。使每位成员养成良好的习惯，并遵守规则做事。开展 7S 容易，但长时间的坚持必须靠素养的提升。
2. 目的
①培养具有好习惯、遵守规则的员工。
②提高员工文明礼貌水准。
③营造团体精神。
3. 注意点
长期坚持，才能养成良好的习惯。

4. 实施要领

①制订服装、仪容、识别证标准。

②制订共同遵守的有关规则、规定。

③制订礼仪守则。

④教育训练（新进人员强化 7S 教育、实践）。

⑤推动各种精神提升活动（晨会、礼貌运动等）。

六、安全

1. 内容

强化员工安全意识，注重职业卫生安全，全员参与，重视预防，降低劳动强度，改善工作环境。

2. 目的

①保障工人安全，改善工作环境。

②减少工伤事故，确保安全生产。

3. 注意点

安全生产，人人有责。

4. 实施要领

①制订严格的操作规程。

②完善各种安全制度。

七、节约

1. 内容

对时间、空间、能源等方面合理利用，发挥它们的最大效能，从而创造一个高效率的、物尽其用的工作场所。

2. 目的

①节省资源，减少浪费。

②降低成本，提高效益。

3. 注意点

应时时刻刻提醒不能浪费，尽可能节约。

4. 实施要领

①宣传节约意识。

②秉承三个理念：能利用的东西尽可能利用；要让员工以自己就是主人的

心态对待企业资源;切勿随意丢弃,丢弃前要思考其剩余之使用价值。

第三节 推行7S的步骤

一、成立推行组织

1. 推行组织的相关细则

①主任委员二年一任,由组织指派。
②总干事、委员半年一任。
③总干事采用组阁式,由委员选举产生。
④各部门主管必须参加。
⑤各部门未参加过者,优先推选。
⑥离任委员有业绩者,皆列入荣誉委员。
⑦每周定期开会一次,每次一小时。
⑧迟到、缺席者均处罚金,作为开会基金使用。
推行委员会组织如图9-1所示。

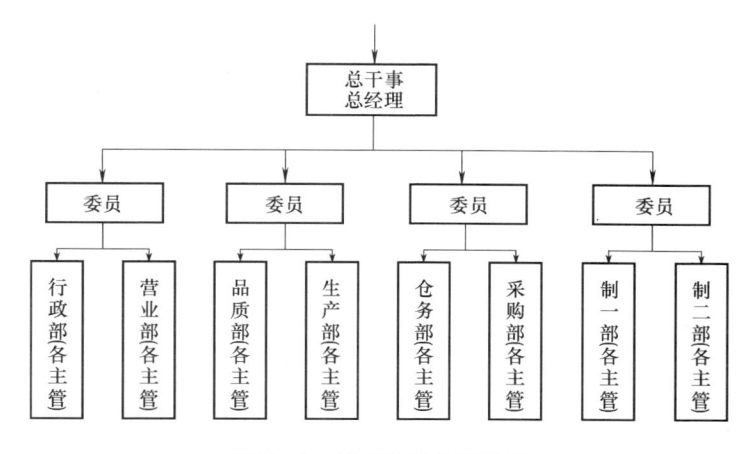

图9-1 推行委员会组织图

2. 成立各级推行委员会的要点

①制订组织章程、执行细则及委员的产生;
②依委员的专长做任务编组;
③拟订"推动时间表";
④正常地、持续不断地推行工作。

二、拟定推行方针、目标及计划

1. 7S 方针

以人为本、全员参与、自主管理、舒适温馨。

2. 7S 目标

①工作环境舒适。

②现场不要物为零。

③工伤降低 50%。

④放置方法 100% 设定。

⑤实现"一流员工、一流产品、一流企业"。

3. 拟定工作计划

工作计划是整个 7S 推进活动的作战部署。只有切实摸清各种背景状况，制定出行之有效的相关措施，才能打一场漂亮的大胜仗。可以说，有好的作战部署（工作计划），整个 7S 活动就成功了一半（表 9-1）。工作计划一般分为四个部分。

①准备阶段：包括成立推进组织、制定 7S 方针和目标、培训教育及宣传策划等内容。

②运行阶段：试运行、各种活动及手法、全面展开、资源配备、人员分工等。

③评价阶段：包含定期评价、不定期评价、研讨会、总结报告等。

④反省改善阶段：涵盖问题点整理、检讨会、改进措施、今后工作方式等。

表 9-1 7S 运行推进计划书

目标：			审批	审核	制表
对内：营造一个有序高效的工作环境		姓名			
对外：成为一个让客户感动的公司		日期			
序号	实施项目	主要实施部门			
1	7S 外派培训	人力资源部	培训机构/人选确定		
2	筹建 7S 推进委员会	董事长	任命委员长/委员会成立	颁布架构图	
3	7S 全员教育	7S 推行委员会		计划制订　教材制订　培训/考核	
4	推行 7S 改善样板	7S 推行委员会		课题制订　改善实施　效果总结	
5	7S 日	7S 推行委员会		每周一次	
6	红牌作战	7S 推行委员会		第一次　第二次	第三次
7	建立巡视制度	董事会	每周一次		

续表

目标： 对内：营造一个有序高效的工作环境 对外：成为一个让客户感动的公司			审批	审核	制表
^		姓名			
^		日期			
序号	实施项目	主要实施部门			
8	建立评比制度	7S推行委员会	制度制订/颁发		
^	①7S之星	各部门	每月一次		
^	②文件管理竞赛	管理部			
^	③看板管理大比拼	各部门	每周一次		
9	7S外部审核认证	7S推行委员会	提出申请	内部/预备审查	
10	表彰/报告会	7S推行委员会	每月一次		

三、活动前的宣传教育

1. 大力开展7S的各种形式的宣传、教育活动（图9-2、图9-3）；
2. 设置必要的工具和看板，以便于开展7S活动（图9-4）；
3. 保存好原始记录（数据或图片等），以便于对照和改善；
4. 组织向本单位或外单位7S推行好的样板学习。

图9-2　7S宿舍宣传栏　　　　图9-3　7S食堂宣传栏

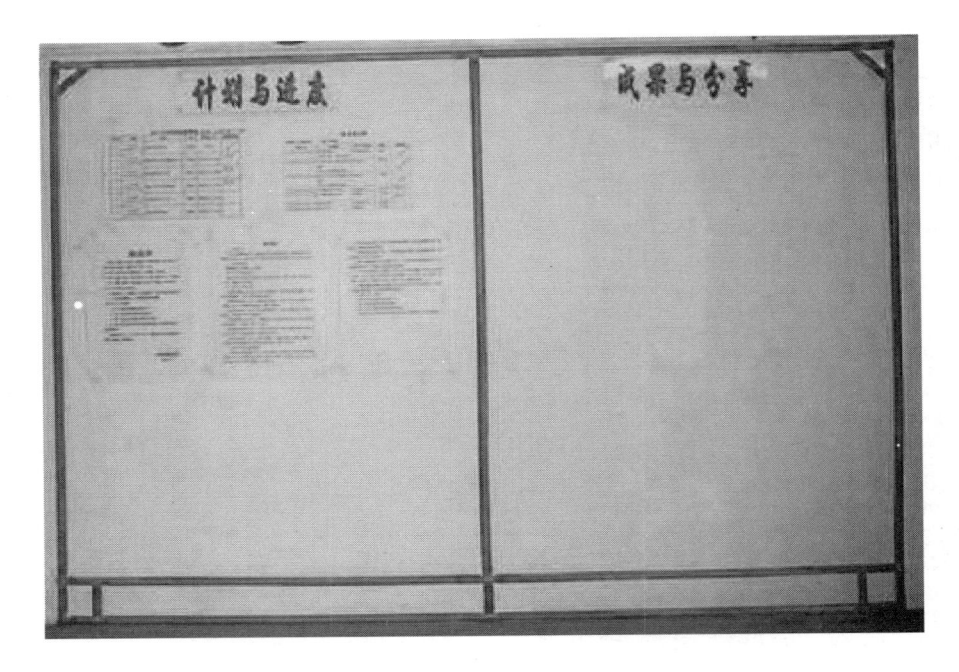

图9-4 7S活动工具和看板

四、7S活动试行和评鉴

(一) 7S活动试行

1. 步骤
①分配责任区域。
②"需要"和"不需要"物品基准书的制订。
③基准的说明。
④道具和方法的准备。

2. 公布红牌作战
①全员总动员。
②对象：找出不需要的东西，需要改善的事，在有油污、不清洁的设备、办公室死角等处贴上红牌。
③上级主管的巡查评鉴。
④问题点的统计和检讨。

3. 整顿作战（图9-5、图9-6）
①物品的放置和场所。
②物品的放置方法。

③定位、划线并作明确的标识。

图9-5 物品放置

图9-6 区域划线、物品放置

(二) 评鉴

1. 评分标准范例（表9-2、表9-3）

表9-2　现场评分标准表范例1

1. 整理	配分
1.1 及时清除过道、走廊的不要物品	5
1.2 办公桌、文件柜、文件架按规定摆放整齐	4
1.3 桌面及抽屉定时清理	5
1.4 有清楚的档案规定，并能被清楚了解	3
1.5 没有不必要的隔间影响视野	3
2. 整顿	
2.1 文件资料实施定位化（颜色、斜线）	5
2.2 办公设备、仪器及物品按规定放置	5
⋮	⋮

表9-3　现场评分标准表范例2

1. 整理	配分
1.1 定期清除不必要的物品	5
1.2 妥善保管剩料及近期不用的物品	4
1.3 及时收存不用及不急用的公装夹具	5
1.4 作业场所区别清楚	3
1.5 没有不必要的隔间影响现场视野	3
2. 整顿	
2.1 文件有配置放置区，并加以管理	5
2.2 工装、夹具易于取用，不用寻找	5
⋮	⋮

2. 评分方法和时间

①考核中采用见缺点先记录描述，然后再查缺点项目、代号及应扣分数的方法，这样评审人员不必为查核项目一一寻找，浪费时间。

②评分开始时频度应较密，每日一次或每两日一次，一个月做一次汇总，并依此给予表扬和纠正。

3. 整改措施

缺点项目统计出来后，应开出整改措施表（表9-4），各负责人应在期限内进行有效的整改，并经验证人验证才算合格。

表 9-4 7S 活动整改措施表

组别：　　　　　　　　　　　　　　　　　　　　　　　　编号_____

序号	整改内容	负责人	期限	验证人/时间

注　验证人签名表示此项已验证合格。

五、7S 活动导入实施和查核

1. 活动导入实施

①将试行的结果经过检讨修订，确定正式的实施办法。

②决心的下达。

由最高主管召集全体人员，再次强调推行 7S 活动的决心，公布正式导入的日期，以及最高主管的期望。

③实施办法的公布：

由 7S 委员会主任委员签名的 7S 活动推行办法、推行时间、办法内容应予公布，使全体人员正确了解整个活动的进程。

④活动办法的说明：

a. 由推行委员会召开委员及各组长会议，说明活动方法。

b. 由各组长对各组成员举行活动方法说明会。

2. 活动查核

7S 活动的推行，除了必须拟定详尽的计划和活动办法外，在推行过程中，每一项均要定期检查，加以控制。

①员工自我查核表（表 9-5）

表 9-5 员工自我查核表

部门：　　　班组：　　　月份：　　　考评人：　　　主管确认：

日期 姓名	日常要项（50%）										工作效率 （25%）			产品质量 （25%）			总分	排名
	1	2	3	4	5	6	7	8	…	31	25	15	10	25	15	10		

注：日常管理可分为工作纪律、作业规范、7S、设备保养及其他五类。针对常犯错误进行重点评估。

②部门内自我查核表（表9-6）。

表 9-6 部门内自我查核表（如清扫）

项次	查检项目	得分	查 检 状 况
1	通道	0	有烟蒂、纸屑、铁屑、其他杂物
		1	虽无脏物品，但地面不平整
		2	有水渍，灰尘
		3	早上已清扫
		4	使用拖把，并定期打蜡，很光亮
2	作业场所	0	有烟蒂、纸屑、铁屑、其他杂物
		1	虽无脏物，但地面不平整
		2	有水渍、灰尘
		3	零件、材料、包装材料存放不妥
		4	使用拖把，并定期打蜡，很光亮
3	办公桌作业台	0	文件、工具、零件很脏乱
		1	桌面、作业台面布满灰尘
		2	桌面、作业台面虽干净，但破损未修理
		3	桌面、台面干净整齐
		4	除桌面外，椅子及四周均干净亮丽
4	窗 墙板 天花板	0	破烂
		1	破烂但仅应急简单处理
		2	乱贴乱挂不必要的东西
		3	还算干净
		4	干净亮丽、很舒爽

续表

项次	查检项目	得分	查检状况
5	设备	0	生锈
		1	虽无生锈、但有油垢
		2	有轻微灰尘
		3	保持干净
		4	使用中有防止不干净之措施，并随时清理

③上级的巡回诊断。

由最高主管（或外力顾问师）定期或不定期到现场巡查，了解活动的实际成果及存在的问题点，不断挖掘问题的根源（表9-7）。

表9-7 上级巡回诊断表

项目		序号	内容	扣分
地上	地面	1	不摆放无用品	
		2	没有垃圾	
		3	保持清洁、干净	
		4	摆放的物品已定位	
		5	定位保持完整	
		6	暂放物挂"暂放牌"	
	垃圾桶	1	保持干净	
		2	垃圾没有溢出来	
	盆景摆设	1	定期浇水，泥土没有干燥	
		2	叶子保持干净	
		3	无枯黄	
办公室	办公桌	1	台面保持干净	
		2	台面物品按定位摆放（正在使用的除外）	
		3	办公抽屉不杂乱	
		4	办公桌按定位摆放	
	茶水处	1	室内茶水处保持干爽	
		2	室内外茶水保持整洁	
		3	室内外茶水保持整洁	
		4	室外热水器保持正常有效状态，无漏水	
	其他办公设施	1	消毒柜、空调、电脑、照明灯、复印机、传真机、碎纸机等保持正常工作状态	
		2	以上设施保持干净	
		3	设备的电源线，连接线不杂乱	

7S活动主任委员将巡回诊断的优缺点在检讨会上分别予以说明，并对相关部门进行表扬或纠正。

思考与练习：

1. 简述服装企业推行7S管理的好处。
2. 简述7S内容。
3. 简述服装企业推行7S的步骤。
4. 简述7S的导入实施和查核。

附录一　服装质量检验标准

一、总体要求

1. 面料、辅料品质优良，符合客户要求，大货得到客户的认可；
2. 款式配色准确无误；
3. 尺寸在允许的误差范围内；
4. 做工精良；
5. 产品干净、整洁、卖相好。

二、外观要求

1. 门襟顺直、平服、长短一致。前抽平服、宽窄一致，里襟不能长于门襟。有拉链唇的应平服、均匀不起皱、不豁开，拉链不起浪。纽扣顺直均匀、间距相等。
2. 线路均匀顺直、止口不反吐、左右宽窄一致。
3. 开叉顺直、不扭歪、不豁开。
4. 口袋方正、平服，袋口没有豁口。
5. 袋盖、贴袋方正平服，前后、高低、大小一致。里袋高低、大小一致，方正平服。
6. 领缺嘴大小一致，驳头平服、两端整齐，领窝圆顺、领面平服、松紧适宜，外口顺直不起翘，底领不外露。
7. 肩部平服，肩缝顺直，两肩宽窄一致，拼缝对称。
8. 袖子长短、袖口大小、宽窄一致，袖袢高低、长短宽窄一致。
9. 背部平服，缝位顺直，后腰带水平对称，松紧适宜。
10. 底边圆顺、平服，罗纹宽窄一致，罗纹要对条纹车缝。
11. 各部位里料大小、长短应与面料相适宜，不吊里、不吐里。
12. 车在衣服外面两侧的织带、花边、两边的花纹要对称。
13. 加棉填充物要平服，压线均匀、线路整齐，前后片接缝对齐。
14. 面料有绒（毛）的，要分清方向，绒（毛）的倒向应整件同向。

15. 若从袖里封口的款式，封口长度不能超过 10cm，封口一致，牢固整齐。

16. 要求对条对格的面料，条纹要对准确。

三、做工综合要求

1. 车线平整，不起皱、不扭曲。双线部分要求用双针车车缝，底面线均匀、不跳针、不浮线、不断线。

2. 画线、做记号不能用彩色画粉，所有唛头不能用钢笔、圆珠笔涂写。

3. 面、里布不能有色差、脏污、抽纱、不可恢复性针眼等现象。

4. 电脑绣花、商标、口袋、袋盖、袖袢、打褶、鸡眼、魔术贴等，定位要准确，定位孔不能外露。

5. 电脑绣花要求清晰，剪清线头，反面的衬纸修剪干净，印花要求清晰、不透底、不脱胶。

6. 所有袋角及袋盖如有要求打套结，打套结位置要准确、端正。

7. 拉链不得起波浪，上下拉动畅通无阻。

8. 若里布颜色浅、会透色的，里面的缝份止口要修剪整齐，要清理干净线头，必要时要加衬纸以防透色。

9. 里布为针织布料时，要预放 2cm 的缩水率。

10. 两头出绳的帽绳、腰绳、下摆绳在充分拉开后，两端外露部分应为 10cm，若两头车住的帽绳、腰绳、下摆绳则在平放状态下平服即可，不需要外露太多。

11. 鸡眼、撞钉等位置准确、不可变形，要钉紧、不可松动，特别是面料较稀的品种，一旦发现要反复查看。

12. 四合扣位置准确、弹性良好、不变形，不能转动。

13. 所有布袢、扣袢之类受力较大的袢子要回针加固。

14. 所有的锦纶织带、织绳剪切要用热切或烧口，否则就会有散开、拉脱现象（特别时做拉手的）。

15. 上衣口袋布、腋下、防风袖口、防风脚口要固定。

16. 裙裤类：腰头尺寸严格控制在 ±0.5cm 之内。

17. 裙裤类：后裆暗线要用粗线合缝，浪底要回针加固。

附录二 服装疵点说明

疵点类	疵点名称	疵点现象	处理方式	疵点程度 轻微	疵点程度 严重
棉纱类	粗经、粗纬	纯棉织物中的棉纱，其粗细度比正常大2倍或以上，单根或多根不等，纬纱上的粗纱比较明显	严重的予以挑出	单根并不在主要部位	单根以上的任何部位
	竹节纱	布面上出现2~5cm长的粗节纱或细节纱段，目测或手摸均十分明显，多见于纬纱	轻微的可以回修，严重的挑出	3cm之内不在主要部位，目测不明显	超过3cm以上的任何部位
	条干不均匀	经纱或纬纱粗细不均匀，使布面上出现不规则的条纹或斑点，手感粗糙，表面光泽较差，染深色时会出现色条	严重的挑出	目测不很明显	出现在主要部位并条感明显
	断纱	经纱断头未接上，布面上出现缺少一根或几根经纱的空隙	挑出		任何部位
	破洞	布面上有三根或三根以上的经、纬纱在某一支点处断裂称为"破洞"	挑出		任何部位
梭织布类	跳花	三根及其以上的经纱或纬纱相互脱离组织，并且跳成规则或不规则的浮于布面线条，通常不是个别出现，严重时会伴随断纱或挑纱发现	挑出	不在主要部位的二节跳花一处	超过二节跳花的任何部位
	织入杂物	布面上织入尘埃、飞花、杂纱、木屑等，一般在检验时容易发现	轻微的可以用针子以拨除或清理，严重的上报	杂物柔软，长度0.5cm之内一处，目测不明显，并且不在主要部位	杂物较硬，外观明显
	拆痕	拆除有疵的纱重新再织时，布面上留有明显的横向痕迹	挑出		任何部位
	不符规格	纱支错用、密度不符、编织方式不正确。使面料明显感到厚薄不均，纹缕各异	直观感觉明显的予以挑出，但务必上报	直观不明显	视觉或手感都很明显

续表

疵点类别	疵点名称	疵点现象	处理方式	疵点程度 轻微	疵点程度 严重
梭织布类	紧松边、破边	有的幅宽两侧存在一侧紧另一侧松的情况,甚至出现破边。用此衣片缝制后的衣服易变形	面料重新定型		
色织布类	色织布色花	纱支染色不均匀,在成品布上形成深浅不同的花斑	报告主管部门,以待处理	目测不明显	明显
	花纹不符	花纹图案的大小、颜色的搭配与确认样不符	提交主管部门处理		
	沾色	染色纱中的一组或几组纱,其色牢度不好,织布时沾到别的纱线上,使整个图案模糊或不清晰	严重的提交主管部门处理	不在主要部位,目测不明显	明显
	色差	衣物颜色与确认色不存在色差,或同件衣物上存在的色差	明显的挑出	同丝缕比较时不明显	视觉时较明显
	纬斜与格斜	有纬斜和花格斜两种;纬斜指纬纱与经纱的交织时不成直角,格子不正的花格斜。常见的以纬斜多见	重新定型	纬斜或格子斜目测不明显	纬斜少见,格子不能水平对齐为严重
	花条	沿布面经向延伸或断续散布于全匹,色泽有深有浅的条纹	挑出	目测不很明显	条纹明显
	纱结	面料中的某一部位(一般为3mm之内)	挑出		
针织面料类	油污渍	针针成圈中黑色油污纱段	挑出	0.5cm内一处并不在主要部位	0.5cm以上的任何部位
	针洞	面料的纱线被针刺断的现象	返修	偶尔出现在缝迹的厚薄接缝处	连续二针或二针以上
	异性纱	面料中有一根或若干根颜色不同的异性纤维编织在里面,严重时出现有规则的色条,常见的以小段为主	挑出	目测不明显并不在主要部位	明显
	粗细纱	面料生产中错用了粗纱或细纱,使布面出现有规则的纬向条纹、粗纱织条厚实、细纱织条较轻薄	挑出	目测不明显	明显

续表

疵点类	疵点名称	疵点现象	处理方式	疵点程度 轻微	疵点程度 严重
针织面料类	大肚纱	某一部位的纱径超过正常的三倍以上，一般长度在2cm之内，手感或目测非常明显	挑出	纱径在正常的1倍左右并不在主要部位	纱径超过一倍的任何部位
针织面料类	丝缕歪斜	竖直纹缕倾斜每米超过4cm或以上	挑出	倾斜在5%之内	超过5%以上
针织面料类	绒布露底	绒毛不均匀，绒毛较稀的部位能见到底纱，一般以条状或斑点状多见	挑出	不大明显	非常明显
针织面料类	扎光痕	面料表面存在清晰的高温轧痕，一般很难用整烫的方法予以消除	挑出	目测不明显	任何部位
针织面料类	风渍	纯棉面料表面与空气接触部分，长时间存放后出现的色变，这种被氧化的色变无法改善	裁剪时予以挑出	目测不明显	明显
针织面料类	修痕	面料在修补过程中出现的痕迹	挑出	目测不明显	明显
水洗产品	浆斑	牛仔布经水洗后，手感僵硬，有块状感，色光与水洗前变化不大	重洗	斑块较柔软不在主要部位	斑块在主要部位或僵硬
水洗产品	白痕	拼缝处或衣物较厚部位经水洗、石磨后，留下明显的白痕，严重的会出现白痕处的经纬纱磨绒或断裂	超过确认样要求的挑出	白痕轻微，没有使经纬纱断裂	白痕严重或断经纬纱
水洗产品	回染	牛仔布在水洗时褪下来的色又沾染到别的面料上	提交主管部门处理	被沾染的色较浅且均匀	色重或有不规则的色斑
水洗产品	浮色	水洗后的牛仔产品经手触摸后沾色	返洗	用白棉布摩擦没有明显沾色	明显
水洗产品	偏色	产品水洗后色泽与确认样存在色光上的差异	严重的提交主管部门处理	色光一致，只是深浅有差异	色光不一致或深浅严重
水洗产品	手感差	水洗后的产品手感粗糙，无爽滑感	返洗	除装有橡筋等厚物外，其他部位效果可以	整件产品效果都不好
水洗产品	破损	水洗后的产品表面有破洞、破缝或隐性的断线	轻微的返修，严重的挑出	跳针、经纬纱被磨断一根不在主要部位	外观明显破损，并影响产品质量

续表

疵点类	疵点名称	疵点现象	处理方式	疵点程度 轻微	疵点程度 严重
水洗产品	有异味	水洗产品表面发出类似氯气（Nacio）的水洗残留物	返洗	距产品10cm处闻不到气味	有刺激气味
	印花搭色	印花图案中的一组色与另一组色的交界处，被互相渗透在一起，水印处的颜色出现色变，使其偏暗或偏深	严重的挑出	3mm之内并不在主要部位（图案的脸脸部等之外）	3mm以上
	套版不正	组成图案的若干部分，印花时没有将这些线条紧密地结合在一起，使图案的某一处空穴或重造	严重的挑出	2mm之内	超过2mm
	磨板	相同的图案重复印了两次，并且不完全重复，称之为重影	严重的挑出		超过2mm
	渗色	印花图案边缘出现不规则的毛刺	严重的挑出	1mm之内	超过1mm
印花	干饭露底	印花图案中的某一处未印上相应的颜色或线条，或印刷不当使图案残缺不全	轻微的可以手工修补，严重的挑出	目测不明显并不在主要部位	明显
	胶印脱落	胶浆印花图案中的部分脱落，使图案不完整	轻微的可以手工修补，严重的挑出	全印花中的局部小点脱落，目测不明显	明显
	胶印断裂	胶浆面料受到一定的拉力时，胶浆处出现断裂、破损	严重的挑出	不强拉时不断裂	用力即破
	色渍	印花色溅在衣服的其他部位而导致的色既称之为"色渍"	挑出	1mm一处并不在主要部位	超过1mm以上
	发泡不均匀	发泡印花图案中发泡高度不均匀	严重的挑出	发泡高度偏低，但均匀有光泽	发泡效果差，又不均匀
	掉色	印花面料在70℃左右水温中浸泡严重掉色	重做	任何颜色	任何颜色
	印花错位	印花位置与前样位置不符	严重的交VH确认	印花位置误差在1cm之内	超过1cm以上
	脱线	绣花底线与底线的套圈不牢固，当外露绣头一提，一个或若干个套圈脱落使图案残缺	回修	套圈较松，但不脱线	脱线

续表

疵点类	疵点名称	疵点现象	处理方式	疵点程度 轻微	疵点程度 严重
绣花	贴布绣错位	在贴布图案的边缘,绣花缝迹没有精密与它重合,导致部分遗漏、部分溢绣	回修	仅1针或2针缝迹遗漏,目测不明显	2针缝迹以上
绣花	针洞	绣花过程中,绣花针刺破面料的纱线导致的针洞	轻微的回修,严重的提交VH确认	目测不明显	明显
绣花	绣线错色	绣花图案中的色线位置互相错换或线色差较大	挑出	色泽一致,只是略有深浅	颜色线错用同色深浅差异较大
绣花	绣花起皱	绣花处过薄或撕或撕后缝线收缩(垫衬过薄或撕后缝线收缩)	挑出	不很明显	明显
绣花	断线开缝	缝迹处断线或线迹处破缝	回修	断1针1处,并不在主要部位	2针以上
缝制类	针洞	面料的纱线被缝纫针刺断形成的针洞	严重的挑出	2针一米之内	超过2针/米
缝制类	污渍	裁剪、缝制时导致的油渍、锈渍、脏斑等	清除或挑出	目测不明显	明显
缝制类	跳针	缝迹中偶尔1针或若干针未缝住的漏针	回修	拼缝处一针,但不在主要部位	超过1针以上
缝制类	条格歪斜	格子或条纹对位不准(竖直或水平线)	严重的挑出	水平线误差不大于0.2cm	超过0.2cm以上
缝制类	丝缕不直	针织面料直向歪斜,称为"纬斜",斜率一般不超过4%	严重的挑出	斜率在5%之内	超过5%以上
缝制类	长花针	面料表面直向有一条清晰的、未被套勾成圈的长漏针	挑出		任何部位
缝制类	死棉点	深色面料表面有不规则的小白点,这些棉点无法染上颜色,外观效果较差	严重的重做面料		目测明显
缝制类	涂层不均匀	面料PU或PVC涂层表面有明显的不规则条纹或厚薄段	严重的挑出	疵点不影响正面效果	疵点影响正面效果
缝制类	缝制粗糙	缝迹不直、针距大小不一、接缝处不牢固、缝迹起皱	回修	外观基本可以,不起皱,不挑针,不破缝	外观差及缝制破损
缝制类	唛头错钉、漏钉	各种织唛、印刷唛、PU牌、装饰唛等错钉、漏钉	回修		任何一种
缝制类	缝线色配色	缝线色与产品色不一致或不协调	严重的提交主管部门处理	色光一致,只是深浅有差异	明显不一致
缝制类	纽扣间距不等	纽扣扣眼之间的距离和纽眼与纽扣之间的距离不等	严重的挑出	目测不明显	目测明显

续表

疵点类	疵点名称	疵点现象	处理方式	疵点程度 轻微	疵点程度 严重
后整理	纽扣脱落	纽扣在正常拉力下脱落	返工或挑出		任何情况下
后整理	烫黄与极光	烫衣物时温度过高，使浅色面料表面变黄或深色衣物表面出现极光	返工或挑出	目测不明显	目测明显
后整理	箱唛错印	正唛、侧唛的位置颠倒，印刷字母及环保符号错印	严重的重做，个别字母错印可以修改	字母不够清晰，不居中	外观差及印刷错误
后整理	成箱比例错误	箱内的尺码比例、颜色的配比与订单要求不符合	返箱		无论任何原因
后整理	箱内数量不正确	箱内总数与箱唛所表示的数量不相符	返箱		无论任何原因
后整理	折叠规格不正确	折叠规格（长乘宽）不正确	严重的返工	外观可以，箱体可以容纳	外观不好或箱体放不下

附录三 童装产品安全技术规范

1. 定义

1.1 婴幼儿纺织品

婴幼儿纺织产品指的是年龄在 36 个月及以下的婴儿使用的纺织产品，原则上指身高 100cm 及以下的婴儿。

1.2 儿童纺织品

儿童纺织产品指的是年龄在 36 个月至 14 岁的儿童使用的纺织产品。

2. 附件的要求

2.1 纽扣、装饰扣、拉链及金属附件应无毛刺、无可触及性锐利尖端及其他残疵。

2.2 拉链的拉头不可脱卸。

2.3 用于衬里或絮料的填充材料不得含有硬或尖的物体。

2.4 不允许有昆虫、鸟类和啮齿动物及来自这些动物的不卫生物质颗粒。

3. 整件制品的要求

3.1 拉带、功能性绳索和腰带的末端不允许打结或立体装饰，防止其磨损散开。可采用热封、套结、重叠或折叠的方法。

3.2 套环只能用于无自由端的拉带或装饰性绳索、无自由端的功能性绳索。

3.3 在两出口点中间固定拉带、绳索，可运用套结等方法。

3.4 固定蝴蝶结防止被误食，其尾端不超过 5cm。缎带、蝴蝶结的末端应充分固定，保证不松开。在绳索末端使用塑料管套应能承受至少 100N 的拉力。

3.5 与成年人领带类似的领带不用于五岁以下儿童服装。儿童领带宜宽松，防止缠绕，可在领圈上使用粘扣带。

4. 婴幼儿纺织产品

4.1 整件婴幼儿纺织产品不应存在锐利边缘，不允许有断针。

4.2 婴幼儿纺织产品上不应使用在外观上与食物相似的附件。婴幼儿纺织产品上的附件（如商标、纽扣、按扣、拉链锁头、搭扣、小物件等）不易脱落。

4.3 婴幼儿纺织产品上，可能被婴幼儿手指抓握或牙齿咬住的附件抗拉强力不得小于70N。

4.4 婴幼儿纺织产品不得使用绒球。花边、图案和标签不能只用胶粘剂粘贴在服装上，需保证经多次穿着后整理后不脱落。

4.5 婴幼儿服装里面没有硬的线头和接缝。

4.6 婴幼儿服装上伸出的固定绳圈的长度不应超过75mm，除腰带外，兜帽、脖子处和背部不应有拉绳、装饰束带或者功能性束带。

4.7 婴幼儿服装展开到最大尺寸，伸出的拉绳、功能性束带和装饰性束带长度应不超过140mm；腰部的拉绳每端最多伸出140mm。当腰带未系时，带子下垂的长度不超出下摆。

5. 儿童纺织产品

5.1 整件儿童纺织产品不应存在锐利边缘，不允许有断针。

5.2 儿童纺织产品上的附件（如商标、纽扣、按扣、拉链锁头、搭扣、小物件等）不易脱落。

5.3 儿童服装上伸出的固定绳圈的长度应不超过75mm。背部不应有拉绳、装饰性束带或者功能性束带。

5.4 7岁以下儿童的服装，兜帽、脖子处不应有拉绳、装饰性束带或者功能性束带。

5.5 7岁及以上儿童的服装全部展开时，兜帽和脖子处不应有伸出服装外的圈带。

5.6 儿童服装展开到最大尺寸，伸出的拉绳、功能性束带和装饰束带长度应不超过140mm；腰部的拉绳每端最多伸出140mm。当腰带未系时，带子下垂的长度不超出下摆。

6. 臀围线以下的服装下摆

长至臀围线以下的服装，下摆处的拉带、绳索（包括套环等配件）不超出服装下边缘；如果位于服装外面，那么未系着状态的拉带或绳索应平贴于服装。

长至脚踝的儿童服装（风衣、裤子或裙子等），其下摆处的拉带、绳索应不突出。

7. 儿童服装袖子

肘关节以下的长袖下边缘处的拉带、绳索、袖口扣紧时，应完全置于服装内。

肘关节以上的短袖上使用拉带、绳索，袖口扣紧时，应固定且平贴。

8. 絮料和泡沫

8.1 带有絮料和泡沫的服装，其填充材料不得被儿童获取，保证安全可靠。

8.2 服装生产过程中确保包覆填充材料的缝线牢固,防止穿着时断(脱)线。

9. 连脚服装

室内穿着的连脚服装应增强防滑性,如在服装底部面料上黏合摩擦面。

10. 风帽

10.1 三岁或三岁以下儿童的睡衣不得带有风帽。

10.2 设计风帽和头套时,将影响儿童视力或听力的危害降至最低。

10.3 设计师应对钩住、夹住危险的可能性进行评估。凡发生问题的地方,采取措施降低危险。

11. 有松紧带的袖口

袖口松紧带过紧或过硬会阻碍手或脚部的血液循环,特别是在婴儿服装中需要注意。

12. 男童裤装拉链

12.1 五岁及五岁以下男童服装的门襟区域不得使用功能性拉链。

12.2 男童裤装拉链式门襟应设计至少2cm宽的内盖,覆盖拉链开口,沿门襟底部将拉链开口缝住。

13. 包装和使用说明

13.1 婴幼儿纺织产品的包装物以及包装过程中使用的定型用品不应使用金属材料。采用礼盒包装的婴幼儿服装,如果使用大头针固定,在包装上应有避免扎伤儿童的警示语。

13.2 婴幼儿及儿童纺织产品的使用说明应符合 GB5296.4 的要求。

13.3 婴幼儿服装上的耐久性标签应用柔软材料制作,并缝制于衣服的外侧及与皮肤不直接接触的地方。

13.4 经阻燃处理的儿童睡衣应在耐久性标签上,注明使用阻燃剂和洗涤要求。

13.5 包装用的无衬里的软塑料袋或面积大于 100mm×100mm 的软塑料薄膜,应符合以下要求:

a) 平均厚度大于 0.038 mm,且最薄厚度不应小于 0.036 mm;

b) 应打孔,且在任意最大为 30mm×30mm 的面积上,孔的总面积至少占 1%(孔上无物质残留)。

14. 纺织产品的基本安全技术要求

项 目	A类	B类	C类
甲醛含量(mg/kg)≤	20	75	300

续表

项　　目		A 类	B 类	C 类
pH 值		4.0~7.5	4.0~7.5	4.0~9.0
色牢度/级　≥	耐水（变色、沾色）	3~4	3	3
	耐酸汗渍（变色、沾色）	3~4	3	3
	耐碱汗渍（变色、沾色）	3~4	3	3
	耐干摩擦	4	3	3
	耐唾液（变色、沾色）	4	—	—
异味		无		
可分解芳香胺染料（mg/kg）		禁用		
A 后续加工工艺中必须要经过湿处理的非最终产品，pH 值可放宽至 4.0~10.5 之间				
B 对需经洗涤褪色工艺的非最终产品，本色及漂白产品不要求				

婴幼儿产品应符合 A 类要求；直接接触皮肤的产品应符合 B 类要求；非直接接触皮肤的产品应符合 C 类要求。婴幼儿产品必须在使用说明上标明"婴幼儿用品"字样。其他产品应在使用说明上标明所符合的基本安全技术要求类别（如 A 类、B 类或 C 类）。产品按件标注一种类别。

注：一般适于身高 80cm 及以下婴幼儿使用的产品可作为婴幼儿用品。

附录四 某企业婴儿单生产注意事项

序号	项目	序号	注 意 事 项
1	纸样复查	1	纸样要复查，如果此步骤错，将很难补救
		2	我司提供的齐码纸样，请注意下列各点
			（1）款式是按纸样上的款式，但规格必须按规格表
			（2）同一款式会出现不同形状，一般是3月龄至12月龄及18月龄至3岁有分别，要查客户提供的纸样去辨别出来
			（3）纸样上的缝位是0.8cm（除内衣、睡衣、围巾及帽是0.5cm之外）
		3	提供领绣花卡带的全领围，要查尺寸是否可配用在贵司打的纸样上，否则，要修改绣花卡带
2	货布测试		每缸每色要测试缩水率及色牢度（洗衣机水温40℃），请留记录，让我司到贵厂看
3	针织布剪裁	1	松布段后最少24小时方可开裁
		2	排板长度不可超出3米（特别是单面机织的布，如平纹布、小毛圈布、卫衣布，否则会有成衣扭转问题）
		3	一套衣服上同布同色必须排在一起（例如：同一套上衣袖与长裤如同色，必须排在一起，并要有清楚包号，好让包装部配对）
4	机织布剪裁		谨记每片做记号，以防色差
5	印花/绣花		部分印/绣花有分大小尺寸，请看大货资料所示
		2	所有绣花用哑光绣花线，即Rayon 120D/1×2，但有个别款式不是，要看大货资料所述
		3	绣花线尾不可超出0.3cm
		4	所有绣花贴布要按不同订货单款式要求的纹向裁，如没有特别提示，则按布一般常规布纹。剪绒贴布一般要顺毛裁（毛向由上而下），除非成衣面料是双向裁的剪绒布，则与我司联系个别做法
		5	所有绣花用的底线要柔软且颜色为特白色
		6	裁片裁完，每片验查，合格才可绣花/印花
		7	绣花裁片回厂后，必须认真检验每片，绣花连线必须剪清、贴布修剪好、合格后才能流入车间，有问题则及早解决，确保工厂生产顺畅。另请给检查员工一片样板看，作为标准
		8	操作中，请工厂派员监察，把问题及早解决
6	缝制车间检查	1	先封样，没问题才可大批量生产
		2	车间成品初期出来，请先量尺寸及查看是否需改善或改正
		3	车间成品检查要认真及严谨，必须把有里布的成衣翻出检查，把所有破洞、漏缝、断线之衣服及时改正
		4	成品检查包括检查缝工、左右对称、色差、油污、线头、绣花/印花

续表

序号	项目	序号	注意事项
1	包装车间检查	1	抽量尺寸
		2	同印花/绣花第 7、8 点
		3	查看整件衫形状及整烫
		4	入胶袋及放入纸箱要平整
2	成衣要求	1	成衣用环保染料的布料及物料制造
		2	成衣要达国际标准 4 级或以上，另请特别注意在 40℃水洗的情况下
			（1）成衣缩水率：针织成品±5%，梭织成品（要做预缩处理）±3%
			（2）色牢度达国际标准 4 级或以上
			（3）成衣抗起球测试要达 4 级或以上
			（4）印花不漏底，于水洗前后均不能爆裂，脱掉及严重掉色
			（5）绣花不掉色
		3	五爪纽拉力：要达到 10 秒 15 磅
		4	五爪纽底面圈都要喷色
		5	拉链强力要达国际标准 11 磅
		6	部分成衣大小组尺码、纽数量不同
		7	部分长裤大小组尺码、腰头高度不同
		8	剪绒布、灯芯绒布、摇粒绒成衣的毛向必须一致（同一件/套的衣服毛向须一致），但有些是平绒布、剪绒布是全批顺毛的，或有些灯芯绒布是全批逆毛，请看个别单号的彩图所示
		9	色织/印花条子的成衣
			（1）前后幅、左右幅及袖必须对条
			（2）左右袖的条子必须对称
		10	剪绒布染色必须底/面两边均需染色
		11	所有门襟需加漂白补朴
		12	如果彩图没有注明，大货双针距离是 0.6cm
		13	大货针数及针距要求
			每 2cm 针织 梭织
			平车 10 针 9 针
			锁边 10 针 10 针
			双针（其他） 9 针 9 针
			双针（拉腰） 8 针 8 针
			滚边 9 针 9 针
3	染料/辅料		不含"ECO"、"AZO"、"NICKEL"。
4	查货标准		AQL Level II2.5/4.0，有初查、中查，客户来尾查
5	其他	1	纸箱要用 3 楞 A 纸，否则纸箱容易破烂
		2	胶袋自动粘贴要好，免胶袋翻开后破烂
		3	除船样数量外，大货的抽样我司会付费的
		4	制订供应商——各厂仍需寄大货样给我司核批
			——另亦要自行检查大货合格才能生产

附录五　服装行业常用单位换算表

1Y(码)=0.9144米

1M(米)=1.0936码

1kg(千克)=2.2046磅

1P(磅)=16安士

1Y=36英寸　1英寸=8分=2.54厘米　1罗=144个=144码=132米

(千克)kg化为码数：kg×2.2046÷0.0000511÷封度÷克重=码数

码数化为千克（kg）：码数×封度×克重×0.0000511÷2.2046=kg(千克)

码数化为磅（P）：码数×封度×克重×0.0000511=磅（P）

计算纸箱的体积（米）：长×宽×高×总箱数=体积（m^2）

参考文献

1. 毛益挺. 服装企业理单跟单［M］. 北京：中国纺织出版社，2005
2. 万志琴，宋惠景，张小良. 服装品质管理［M］. 北京：中国纺织出版社，2009
3. 周璐瑛，吕逸华. 现代服装材料学［M］. 北京：中国纺织出版社，2000
4. 戴孝林，许继红. 服装工业制板［M］. 北京：化学工业出版社，2007
5. 王家馨，张静. 服装制板实习［M］. 北京：高等教育出版社，2002
6. 冯翼，冯以玫. 服装生产管理与质量控制［M］. 北京：中国纺织出版社，2008
7. 姜旺生，张福良，杨素瑞. 服装生产现场管理［M］. 北京：中国纺织出版社，2007
8. 金状. 服装品质管理实用手册［M］. 北京：中国纺织出版社，2003
9. 吴卫刚. 服装企业ISO9000质量管理［M］. 北京：中国纺织出版社，2005
10. 刘静伟. 服装材料实验教程［M］. 北京：中国纺织出版社，2000
11. 赵宏. 纺织服装业推行ISO9000面面观［J］. 中国纺织经济，1999（3）
12. 国家质量监督检验检疫总局. GB/T 2828.1—2003/ISO 2859—1：1999 计数抽样检验程序［S］. 北京：中国标准出版社，2003
13. 国家质量技术监督局. GB/T19000—2000/ ISO9000：2000 质量管理体系 基础和术语［S］. 北京：中国标准出版社，2000
14. 国家质量监督检验检疫总局. GB/T 19001—2000/ ISO9001：2000 质量管理体系 要求［S］. 北京：中国标准出版社，2000
15. 国家质量监督检验检疫总局，国家标准化管理委员会. GB/T 19001—2008/ ISO9001：2008 质量管理体系 要求［S］. 北京：中国标准出版社，2008
16. 国家发展和改革委员会. FZ/T 80002—2008 服装标志、包装、运输和储运［S］. 北京：中国标准出版社，2008
17. 国家质量监督检验检疫总局，国家标准化管理委员会. GB/T 21295—2007 服装理化性能的技术要求［S］. 北京：中国标准出版社，2008
18. 国家发展和改革委员会. FZ/T 81014—2008 婴幼儿服装［S］. 北京：中国标准出版社，2008
19. 国家质量监督检验检疫总局，国家标准化管理委员会. GB/T 22704—2008 提高机械安全性的儿童服装设计和生产实施规范［S］. 北京：中国标准出版社，2009
20. 国家质量监督检验检疫总局. GB18401—2003 国家纺织产品基本安全技术规范［S］. 北京：中国标准出版社，2003
21. MBA智库文档. 标准化与质量管理［EB/OL］. http：/doc. mbalib. com/view/b7f3f6c58b3b8719a380493a7c36246d. html，2010，10
22. 中华服装网. 服装辅料的种类特点与检验［EB/OL］.

http：//bbs. 51fashion. com. cn/dispbbs. asp？boardid = 7&id = 10278&page = &star，2004，4

23. 周华. 加强服装制造企业的成本控制［EB/OL］. CSSCI 学术论文网，http：//www. csscipaper. com/eco/contemporary%20 - economic/209644. html，2010，9

书目：服装

书名	作者	定价（元）
【普通高等教育"十一五"国家级规划教材】		
化妆造型设计	徐子涵编著	39.80
计算机辅助平面设计（附盘）	尤太生	39.80
服装造型立体设计（附盘）	肖军	35.00
服装表演组织与编导（附盘）	关洁	26.00
服装贸易单证实务（附盘）	张芝萍	39.80
服装英语实用教材（第二版）（附盘）	张宏仁	36.00
出口服装商检实务（附盘）	陈学军	36.00
模特造型与训练（附盘）	张春燕	36.00
服装连锁经营管理（附盘）	李滨	32.00
服装企业板房实务（第2版）（附盘）	张宏仁	38.00
【服装高职高专"十一五"部委级规划教材】		
服装纸样放码（第2版）	李秀英编著	32.00
现代服装工程管理	温平则 冯旭敏编著	42.00
服装制作工艺：基础篇（第2版）（附盘）	朱秀丽 鲍卫君	35.00
服装制作工艺：成衣篇（第2版）（附盘）	鲍卫君 等	35.00
服装品质管理（第2版）	万志琴 宋惠景	29.80
服装商品企划理论与实务（附盘）	刘云华	39.80
成衣纸样电脑放码（附盘）	杨雪梅	32.00
成衣产品设计	庄立新	34.00
立体裁剪实训教材（附盘）	刘锋 等	39.80
面料与服装设计（附盘）	朱远胜 林旭飞 史林	38.00
服装纸样设计（第二版）（附盘）	刘东	38.00
艺术形体训练（附盘）	张芃	36.00
针织服装设计概论（第二版）	薛福平	39.80
中国服饰史（附盘）	陈志华 朱华	33.00
CorelDRAW 数字化服装设计（附盘）	马仲岭 周伯军	39.80
服装结构原理与制图技术（附盘）	吕学海	39.80
成衣设计（第二版）（附盘）	林松涛	35.00
服装美学（第三版）（附盘）	吴卫刚	36.00
鞋靴设计与表现（附盘）	伏邦国	42.00
产业用服装设计表现（附盘）	刘兴邦 王小雷	32.00
实用化妆造型（附盘）	李采姣	38.00
服装生产现场管理（附盘）	姜旺生	30.00
【全国纺织高职高专规划教材】		
服饰配件设计与应用	邵献伟 吴晓菁	35.00

书目：服装

书　名	作　者	定价（元）
服装制作工艺：实训手册	许涛	36.00
针织服装结构与工艺设计	毛莉莉	38.00
服装表演基础（附盘）	朱焕良	28.00
服装表演编导与组织（附盘）	朱焕良 向虹云	25.00
服装贸易理论与实务	张芝萍	30.00
【服装专业高职高专推荐教材】		
服装纸样设计（上册）	刘松龄	32.00
服装纸样设计（下册）	刘松龄	32.00
服装设计：造型与元素	尚笑梅	29.80
服装设计美学	管德明 崔荣荣	29.80
服装营销	宁俊	28.00
应用服装画技法	王家馨	38.00
服装企业理单跟单	毛益挺	28.00
【高等服装实用技术教材】		
童装结构设计与应用	马芳 李晓英 侯东昱编著	28.00
服装生产工艺与流程	陈霞 张小量等编著	38.00
服装国际贸易概论（第2版）	陈学军编著	28.00
服装企业督导管理（第2版）	刘小红	29.80
实用服装立体剪裁	罗琴	29.80
实用服装专业英语	张小良	29.80
服装纸样设计（上册）	刘东	20.00
服装纸样设计（下册）	李秀英 等	26.00
服装品质管理	万志琴	18.00
服装零售概论	刘小红	18.00
服装国际贸易概论	陈学军	18.00
【服装高等职业教育教材】		
服装学概论（第2版）	包昌法 徐雅琴编著	32.00
服装专业英语（第3版）	严国英 徐奔编著	32.00
服装缝纫工艺	包昌法	25.00
服装结构设计	苏石民	29.80
服装专业英语（第二版）	严国英	36.00
服装制图与样板制作（第二版）	徐雅琴	45.00
服装学概论	包昌法	17.00
服装面料与辅料	濮微	26.00
服装面料及其服用性能	于湖生	25.00
计算机服饰图案设计	陈有卿 胡嫔	30.00

书目： 服装

高职高专教材

书　名	作　者	定价（元）
服装面料应用原理与实例精解	齐德金	28.00
【21世纪职业教育重点专业教材】		
服装市场调查与预测（第2版）	方勇等编著	24.00
服装材料	朱焕良	25.00
服装工业制板	吕学海	20.00
服装设计	庄立新	25.00
服装CAD（附盘）	谭雄辉	28.00
服装生产管理	黄喜蔚	18.00
时装表演教程（附盘）	朱焕良	30.00
服装贸易实务	余建春	18.00
服装工艺	张繁荣	24.00
纺织服装市场调查与预测（第2版）	方勇	33.00
服装结构制图	吕学海	39.00
服装制作工艺——基础篇	朱秀丽	30.00
服装制作工艺——成衣篇	姚再生	20.00
服装市场营销	罗德礼	16.00
服装结构设计	周丽娅	18.00
服装工业化生产	周邦桢	18.00
服装设计基础（上册）	梁军	24.00
服装设计基础（下册）	刘霖	16.00
职业技术教育规范化管理实务（附盘）	都玉洞	35.00

注　若本书目中的价格与成书价格不同，则以成书价格为准。中国纺织出版社图书营销中心门市、函购电话：（010）64168231。或登录我们的网站查询最新书目：
中国纺织出版社网址：www.c-textilep.com

图2-14　剪绒布正面

图2-15　剪绒布背面

图2-16　提花布1

图2-17　提花布2

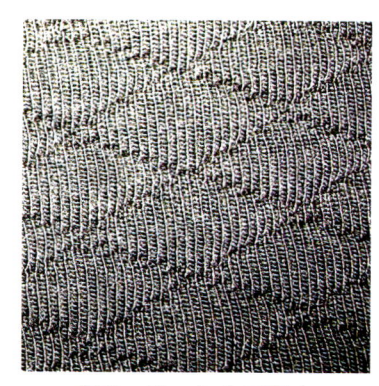

图2-18　复合正面布

图2-19　复合背面布

图2-20　色织平纹布

图2-21　人字斜纹纱卡

图2-22　斜纹磨毛纱卡

图2-23　色丁布

图2-24　灯芯绒（正面）

图2-25　灯芯绒（背面）

图 2-26　细帆布　　　　　　图 2-27　粗帆布　　　　　　图 2-28　涤纶 210T

图 2-29　涤纶 190T　　　　　图 2-30　锦纶涂层布　　　　图 2-31　锦纶布

图 2-32　普通牛仔原布　　　图 2-33　普通牛仔漂白　　　图 2-34　羊羔绒

图 2-35　水浆印花　　　　　图 2-36　胶浆印花（加闪粉）

图 2-37　厚板印花

图 2-38　发泡印花

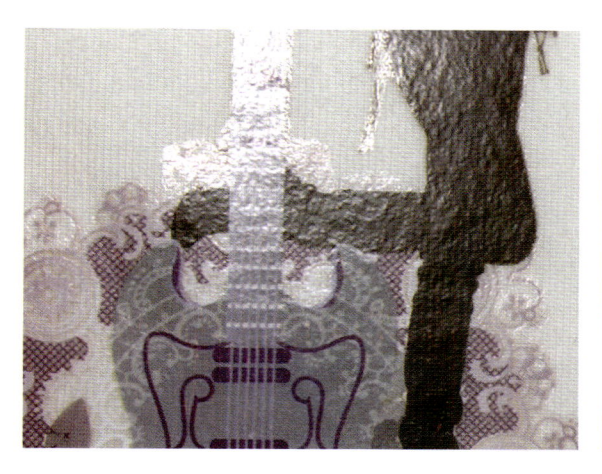

图 2-39　棉布转移印花

图 2-40　涤纶布转移印花

图 2-41　植绒印花

图 2-42　闪粉印花

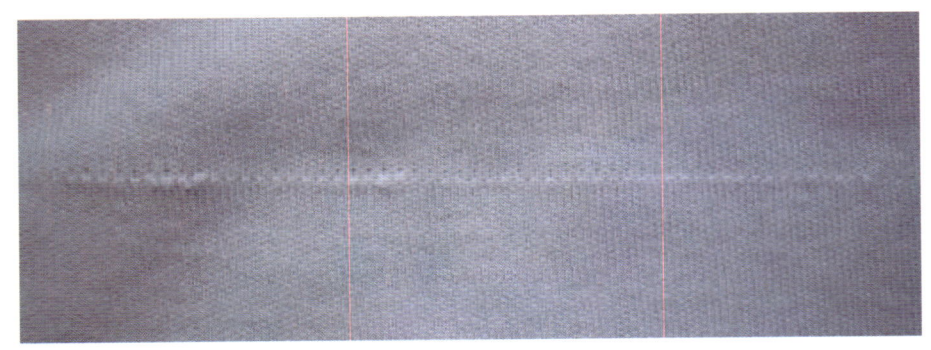

图 2-50 粗节纱

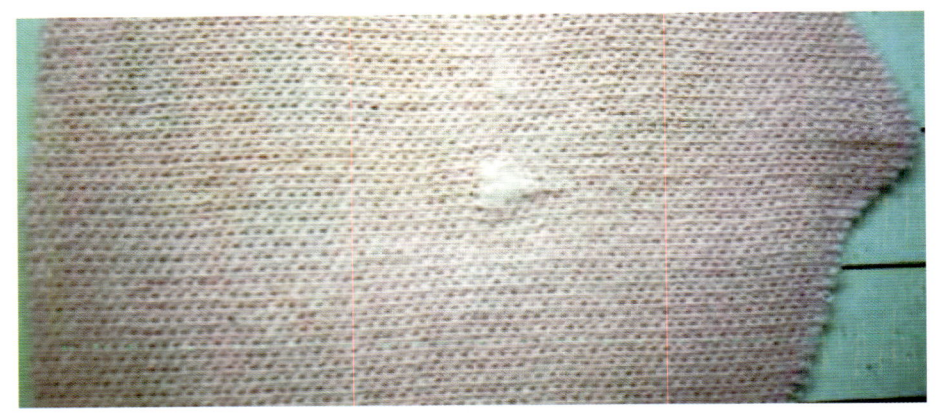

图 2-51 大肚纱

图 2-52 缺经

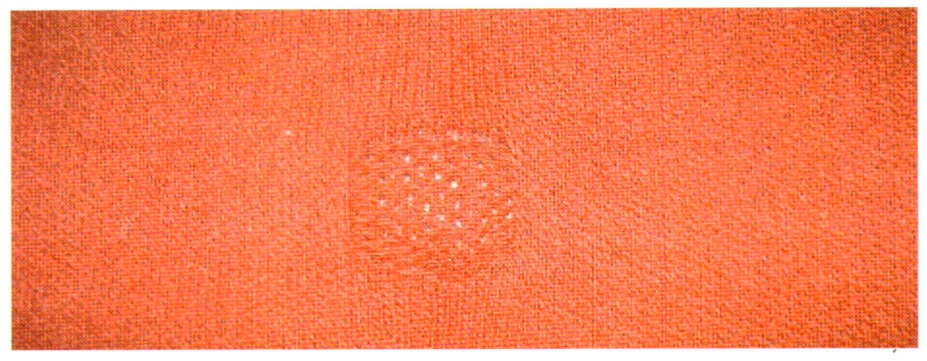

图 2-53 织补痕

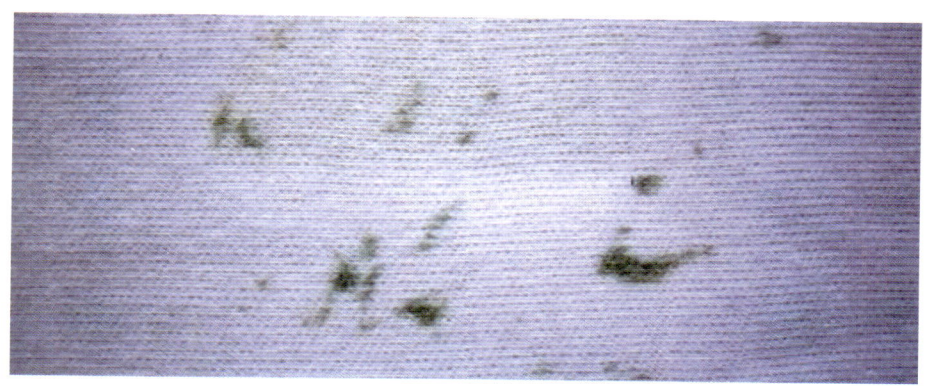

图 2-54 染料迹

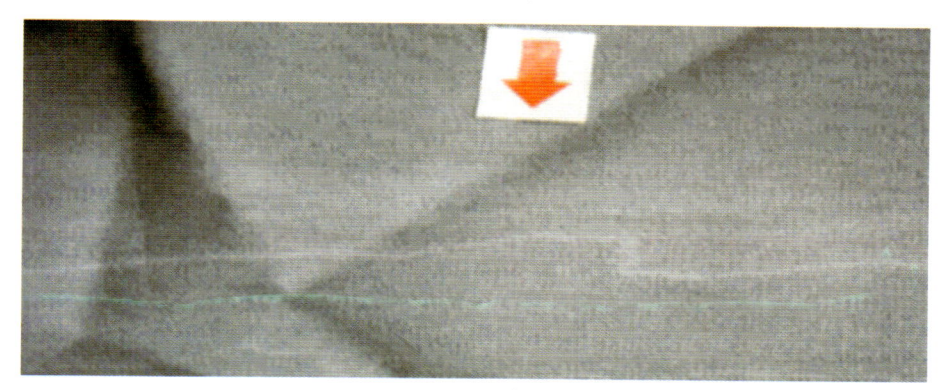

图 2-55 色斑

图 2-56 异纤维织入

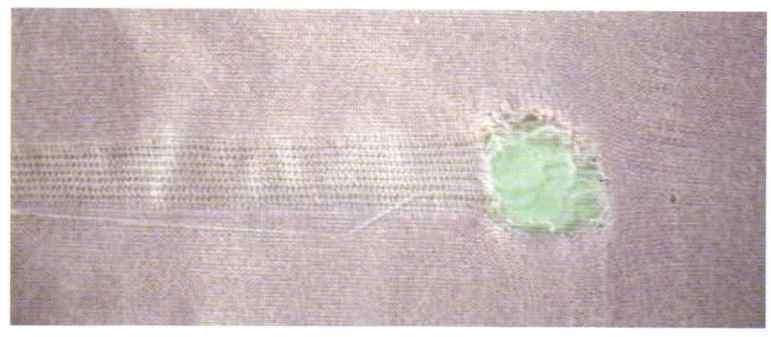

图 2-57 破洞

图 3-2 织带样品卡

图 3-3 纽扣样品卡

图 3-4 装饰水钻样品卡

图 3-5 纽扣

图 3-6 绳带

图 3-7 纽绳

图 3-8 绣花丝带

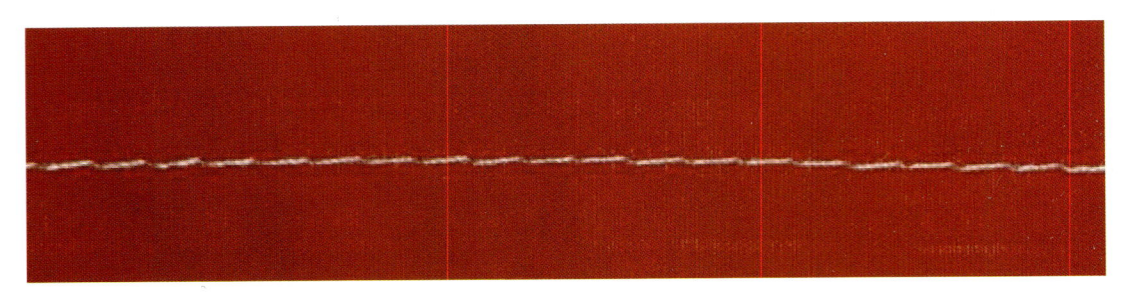

图 5-5　薄面料针迹效果

图 5-6　厚面料针迹效果

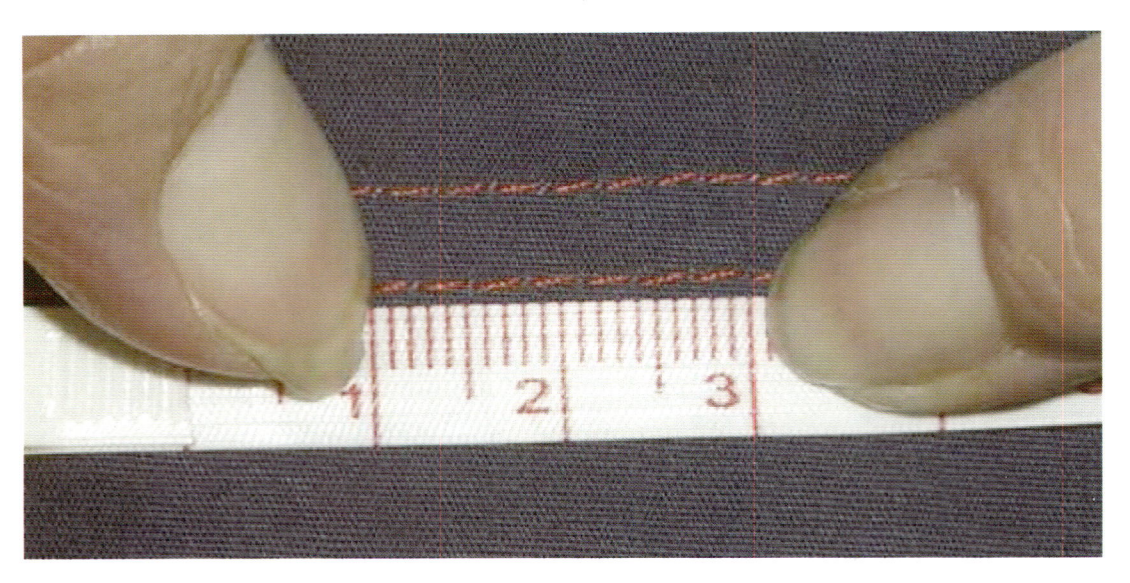

图 5-7　针距测量

图 5-8　漏针 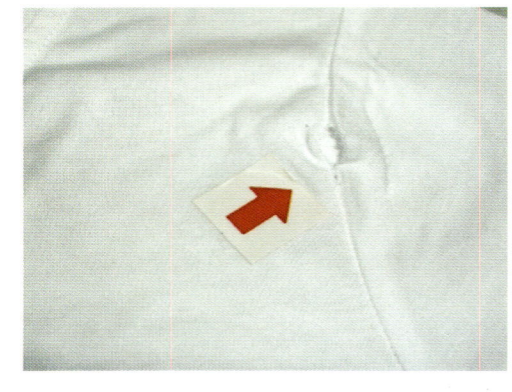　　　　　　　　　　　　图 5-9　漏锁